Coop Himmelb(l)au
Musée des Confluences, Lyon

Essai / Essay
Frank R. Werner

Photographies / Photographs
Christian Richters

Edition Axel Menges

Editeur/Editor: Axel Menges

© 2016 Edition Axel Menges, Stuttgart / London
ISBN 978-3-932565-79-3

Impression et reliure/Printing and binding: Graspo
CZ, a. s., Zlín, République tchèque/Czech Republic

Traduction en français/Translation into French:
Anne-Marie Labbé avec/with Regina Tessier-Mitter-
nacht
Traduction en anglais/Translation into English:
Friedrich Ragette
Design: Axel Menges

Table des matières

6   Frank R. Werner: Le Musée des Confluences à Lyon
      dans le contexte des œuvres de Coop Himmelb(l)au

22   Vue aérienne
23   Plan d'ensemble
24   Plans des étages
26   Coupe
28   Plans du Cristal et du Puits de gravité

30   Vues extérieures
46   Piazza entre plinthe et Cloud
50   Cristal et Puits de gravité
58   Musée

64   Données

Table of contents

7   Frank Rolf Werner: The Musée des Confluences in
      Lyon in the context of the œuvre of Coop Himmelb(l)au

22   Aerial view
23   Site plan
24   Floor plans
26   Section
28   Plans of Crystal and Gravity Well

30   Exterior views
46   Piazza between plinth and Cloud
50   Crystal and Gravity Well
58   Museum

64   Credits

Frank R. Werner

Le Musée des Confluences à Lyon dans le contexte des œuvres de Coop Himmelb(l)au

»Soudain les eaux autour d'eux s'élargirent en vastes cercles, puis se soulevèrent rapidement comme si elles glissaient autour d'un iceberg immergé montant rapidement à la surface. Un grondement sourd se fit entendre, un bourdonnement souterrain, et tous suspendirent leurs souffles. Une vaste forme dépenaillée par les lignes, les harpons et les lances qu'elle remorquait, jaillit obliquement de la mer. Enveloppée d'un mince voile de brume, elle plana un instant dans l'air irisé, puis retomba lourdement dans la mer. Les eaux giclèrent à trente pieds de hauteur comme autant de fontaines, puis se brisèrent en fine averse, encerclant la baleine marmoréenne d'une mousse de lait frais.«
Herman Melville, *Moby Dick*, Paris, 1941.

Le site du bâtiment, à lui seul, n'aurait guère pu être plus spectaculaire. Peu importe la voie d'accès, que ce soit par l'Autoroute du Soleil A7, ou par bateau sur le Rhône en s'approchant du centre de Lyon par le sud, on passe toujours par la presqu'île impressionnante qui se termine en flèche au confluent du Rhône et de la Saône. Le tronçon surélevé de l'autoroute qui vient de traverser la Saône, sépare la langue de terre pointue de cette zone, remblayée artificiellement il y a cent ans tout juste, de l'ancien quartier industriel et ouvrier en amont. En analogie avec »l'effet Bilbao« si souvent cité, ce quartier »délabré« s'est entre-temps transformé, dans la dynamique de la construction du nouveau musée, en un quartier de bureaux et d'habitation ultra propre et ultra moderne. Adapté exactement à l'interface exposée entre les fleuves, la ville et l'autoroute, sur le site d'une usine à gaz et électricité démantelée depuis longtemps, le Musée des Confluences, conçu par Coop Himmelb(l)au, a enfin été terminé au bout d'une période de conception et de construction de quatorze ans.

De nos jours, quatorze ans représentent une petite éternité. Tout comme le révèle le projet de concours initial, ce musée date donc d'une période antérieure de création de Wolf D. Prix, cofondateur de Coop Himmelb(l)au, qui s'est imposé comme acteur mondial en collaboration avec son équipe d'architectes de Vienne. Alors que le BMW Welt à Munich (2001–2007) ou le Centre de Congrès International à Dalian en Chine (2008–2012) présentent surtout des formes fluides, le Musée des Confluences fait encore partie de ces œuvres, qui comprennent le révolutionnaire UFA-Kristallpalast à Dresde (1993–1998) et des projets du même genre dans un mélange d'éléments de construction carrés et organiques. Conçu dès 2001 comme une contribution pour un grand concours international, le projet du musée de Lyon date donc d'une époque où Prix et ses collaborateurs d'alors ont travaillé en toute conscience avec des éléments cristallins de construction hautement complexe. Dès lors il apparut que les visions de Nuages entretenues pendant des décennies pourraient devenir réellement »constructibles« dans un avenir proche grâce aux procédés de construction assistés par ordinateur.

Lorsqu'il gagna le concours du musée d'alors contre de puissants concurrents internationaux comme Steven Holl, le bureau de Vienne, optimiste, partit du principe que le nouveau bâtiment allait être terminé relativement vite en quelques années. L'alternance des responsabilités politiques à la suite des élections, des tensions politiques internes autour du projet, de nombreuses demandes de modifications, ne cessaient cependant de retarder le projet, voire de l'arrêter par moments complètement. Jusqu'à ce que malgré tout cela on en arriva enfin à une heureuse fin des travaux. Celui qui (comme l'auteur) passait année par année sur la route vers le Midi de la France devant ce chantier, pouvait suivre tout cela pour ainsi dire en accéléré. Dans un premier temps, des années durant, il ne se passait absolument rien, puis on s'est contenté de mettre des panneaux de chantier, un an après des containers garnis d'affiches publicitaires pour le projet. Ensuite de nouveau pendant très longtemps rien ne se passa, jusqu'à ce que, dans une action concertée, entre 2006 et 2007 des pilotis de fondation purent être enfoncées dans une profondeur de 30 m. Puis un autre arrêt des travaux s'ensuivit, et de nouveau le chantier fut déserté pendant deux ans. Après quelques autres modifications, c'est en 2010 qu'eut lieu finalement le véritable début des travaux. À partir de ce moment-là on pouvait observer avec étonnement année par année, quel accroche œil gigantesque sous la forme d'un immense squelette de dinosaure ou de baleine en acier surgit là directement au bord de l'autoroute. Même pour les Français ses dimensions sont gigantesques, que l'on pouvait presque croire, que le bâtiment neuf de ce musée représenterait l'ultime coup final de la série des grands projets, défendus avec succès par François Mitterrand.

Avec plus de deux millions d'objets exposés, le nouveau musée est l'héritier de la collection d'Émile Guimet et de l'ancien Musée des Sciences et de l'Histoire Naturelle datant de l'époque de la Révolution française, ainsi que d'un Musée colonial qui comporte une collection de missionnaires du 19ème siècle. Ce mélange d'institutions légèrement poussiéreuses s'est transformé en un espace extrêmement ambitieux qui favorise l'apprentissage et la prise de conscience individuelle, qui raconte des histoires sur l'origine du monde, le devenir et le déclin de toute vie et l'avenir de notre planète. Ainsi on apprend par exemple dans des panoramas grandioses de mises en scène par des multimédias, quelle est l'origine de l'eau sur la terre, ce qu'il en est des dinosaures et des mammouths, pourquoi les Égyptiens ont momifié leurs chats, dans quel contexte ont été créés les masques japonais de l'époque Edo, ou pourquoi les hommes du Tibet utilisent des moulins de prières. Le Musée des Confluences est donc devenu une sorte de caverne d'Alibaba, qui voudrait transmettre à ses visiteurs l'alpha et l'oméga de notre monde ainsi que les résultats de recherche scientifiques qui vont avec. Le directeur scientifique Bruno Jacomy a donc proposé de dériver une idée philosophique à partir de la désignation »confluence«, un espace jusqu'à présent unique dans la muséologie, dans lequel les différents domaines du savoir et les objets exposés ne sont pas séparés les uns des autres, mais se mélangent et s'influencent les uns les autres. Ainsi le visiteur de ce mélange hybride de musée ethnologique et anthropologique ne doit plus être accueilli par des collections isolées et entraîné dans un voyage dans le temps, mais doit se poser des questions universelles comme: »d'où venons-nous, que se passe-t-il après notre mort, où était et est la place de l'homme dans la biodiversité de notre cosmos?« Ainsi les lignes en mouvement dynamique des fleuves et des flux de circulation externes se retrouvent dans le bâtiment terminé dans une sorte d'équilibre des courants en osmose avec les intentions des curateurs et des mises en

1. Coop Himmelb(l)au, BMW Welt, Munich, 2001–2007. (Photo: BMW.)
2. Coop Himmelb(l)au, Dalian International Conference Center, Dalian, Chine, 2008–2012. (Photo: Shu He.)
3. Wolf D. Prix, une des premières esquisses du Musée des Confluences, 2000.

1. Coop Himmelb(l)au, BMW Welt, Munich, 2001–2007. (Photo: BMW.)
2. Coop Himmelb(l)au, Dalian International Conference Center, Dalian, China, 2008–2012. (Photo: Shu He.)
3. Wolf D. Prix, one of the first sketches of the Musée des Confluences, 2000.

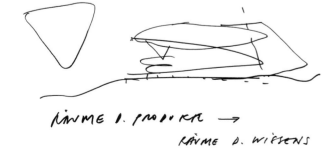

Frank R. Werner
The Musée des Confluences at Lyon in the context of the œuvre of Coop Himmelb(l)au

»Suddenly the waters around them slowly swelled in broad circles; then quickly upheaved, as if sideways sliding from a submerged berg of ice, swiftly rising to the surface. A low rumbling sound was heard; a subterraneous hum; and then all held their breaths; as ... a vast form shot lengthwise, but obliquely from the sea. Shrouded in a thin drooping veil of mist, it hovered for a moment in the rainbowed air; and then fell swamping back into the deep. Crushed thirty feet upwards, the waters flashed for an instant like heaps of fountains, then brokenly sank in a shower of flakes, leaving the circling surface creamed like new milk.«
Herman Melville, *Moby-Dick; or, The Whale*, London, 1851.

Even the building site could not have been more spectacular. Whether approaching the center of Lyon from the south on the autoroute A7 (Autoroute du Soleil) or by boat on the Rhône, we always pass the striking, arrow-like tapering peninsula at the confluence of Rhône and Saône. Right after crossing the Saône the elevated section of the autoroute separates the pointed promontory from the erstwhile industrial and workers' quarters that was filled-in only around hundred years ago. The pull of the new museum construction has transformed this »filthy« part of the town into a spotless modern office and residential district, analogous to the much citied »Bilbao effect«. Finally, after fourteen years of planning and construction the new Musée des Confluences has been completed. Conceived by Coop Himmelb(l)au on the terrain of electricity and gas works, long ago abandoned, it is custom fit to the exposed position between river, city and autoroute.

Fourteen years are for today's conditions a small eternity. We can see from the original competition entry that the museum dates from an earlier work phase of Wolf D. Prix, founding partner of today's global player Coop Himmelb(l)au, and his Viennese team of architects. While the BMW Welt in Munich (2001–2007) or the Dalian International Congress Center in Dalian, China (2008–2012) increasingly exhibit flowing forms, the Musée des Confluences still belongs to a group of works such as the seminal UFA-Kristallpalast in Dresden (1993–1998) and similar projects composed of a mixture of angular and organic masses. The design of the museum in Lyon, being conceived already in 2001 as an entry to a large international competition, fell into a phase when Prix and his collaborators were fully absorbed in working with highly complex crystalline building shapes. Already then, however, it became apparent that Cloud visions dreamed of for decades could become »buildable« in the near future by virtue of computer-aided design.

When the competition was won against strong international participants like Steven Holl, the Vienna studio optimistically assumed that the building would be speedily executed in the course of few years. Changing politics after elections, internal disagreements on the project, many wishes for alterations and other factors kept delaying the work and stopped it from time to time altogether – until eventually the crowning completion of the building was achieved. Who, like the author, passed the building year after year on his way to southern France, could follow the events in fast motion. Initial-ly nothing happened at all for several years, then some building signs were put up, followed by a building container with inscriptions promoting the project. Then again nothing until between 2006 and 2007 in a concerted action 30 m deep piles were driven. Then: building freeze, no action for two years. Construction finally began in 2010 after further modifications of the plans. Since then one could marvel year after year at the emergence of a gigantic eye catcher in form of an imposing steel skeleton directly next to the autoroute. Slowly it assumed the shape of a whale or a dinosaurian. Not only for French conditions its size is gargantuan, it makes us assume that it is the very last bang of François Mitterand's successful »Grands Projets«.

The new museum with its more than two million items has emerged out of the Émile Guimet collection, a natural history museum from French Revolution time, a museum of the colonies and a 19th-century missionaries' collection. This mélange of slightly moldy institutions was transformed in the new building into a most ambitious place of learning and self discovery. It tells stories of the world's origin, the comings and goings of all life and the future of our planet. In magnificent panoramas of multimedia presentation we learn how water emerged on earth, what's about dinos and mammoths, why the Egyptians mummified cats, in which context Japanese masks of the Edo epoch originated, or why people in Tibet use prayer wheels. Therefore the Musée des Confluences became a big curiosity cabinet of science, trying to convey to its visitors the alpha and omega of our world using all the results of scientific research. Accordingly, the scientific director Bruno Jacomy proposed to »derive from the name confluence a philosophical idea, an until now unique type of museum, where the different fields of science and kinds of exhibits are not confined, but made to flow into each other«. The visitors of this hybrid mix of ethnologic and anthropologic museum will not be faced with isolated collections, to be taken on a historic journey through time, but shall meet with universal questions such as »whence are we coming, what happens after death, where was and is man's place in the global biodiversity of our cosmos«. Consequently the given dynamic movement pattern of external rivers and traffic flows harmonizes with the curators' intentions and medial presentations in the finished building. This way the museum is in its core a new *Weltmaschine,* a global mechanism, a tribute to its name »Musée des Confluences«.

It took its time to establish the scientific and didactic program and the financing of a building that nolens volens constantly grew more complex and more ambitious. And nolens volens happened in Lyon what happens worldwide with other »iconic« building projects: The costs exploded. Not architects but politicians are proposing to their constituency against their better knowledge highly complex projects for two-digit millions, which after multiple program changes and extensions during the planning process balloon into triple-digit millions. In the end it is always the fault of others, meaning the architects. *Honi soit qui mal y pense.*

As with many other projects by Coop Himmelb(l)au, Lyon surprises again how much of the »spirit« of the very first sketches, casually jotted down and calligraphically condensed by Prix, pervades the completed building. Above all, the »layers« that define the topography and appearance of the new museum landscape are already rudimentarily indicated in the sketches. In principle the

7

scènes médiatiques à l'intérieur. Dans son essence intime, ce bâtiment est une *Weltmaschine* qui fait tout honneur à son nom de »Musée des Confluences«.

Il a fallu du temps avant que ne soient définitivement arrêtés le programme scientifique et didactique et les moyens financiers pour un édifice, qui bon gré mal gré devenait de plus en plus coûteux et ambitieux. Et bon gré mal gré, il arriva à Lyon ce qui devait arriver et comme on peut l'observer dans le monde entier pour d'autres projets architecturaux: les coûts ont explosé. Pourtant ce ne sont pas les architectes, mais les hommes politiques, qui au départ, en dépit d'objections réalistes, imposent à leurs citoyens des édifices fort complexes se chiffrant selon eux en dizaines de millions, pour en arriver au bout de multiples modifications et de vastes extensions de programme au cours des processus de planification finalement à des centaines de millions. La faute en incombe toujours aux autres, en clair aux architectes. Honi soit qui mal y pense.

Dans ce projet lyonnais, comme dans de nombreux autres de Coop Himmelb(l)au, on est à nouveau frappé par la force avec laquelle l'esprit initial des premières esquisses à main libre, jetées comme par hasard et rehaussées par Prix comme une calligraphie, imprègnent l'édifice achevé encore aujourd'hui. Ce sont avant tout les niveaux essentiels, grossièrement tracés dans ces esquisses qui caractérisent la topographie et l'aspect extérieur du paysage autour du musée actuel. Ainsi le Musée des Confluences comporte essentiellement trois niveaux superposés. En raison de la nappe phréatique, le niveau inférieur est légèrement surélevé sur une chape en béton qui fixe ce corps du bâtiment aérien immuablement sur le site de la presqu'île. Le cube de ce soubassement d'un volume de presque 60 000 m³ comprend à côté des zones de livraison, de stockage, d'ateliers, des salles de réunion et de conférence, également un hall d'entrée et un foyer pour de grands groupes de visiteurs. On y trouve en plus deux amphithéâtres aux dimensions généreuses pour 327 et 122 auditeurs chacun qui sont à la disposition des écoles des alentours pour leurs propres activités pédagogiques.

Sur toute la surface du toit comme un couvercle de la zone de soubassement massif s'étend, sous le »niveau des Nuages, situé nettement plus haut, un espace spacieux, accessible par des escaliers et des rampes, sur lequel les visiteurs peuvent sans encombre passer sous l'édifice du musée se dressant au-dessus d'eux, pour rejoindre ensuite à la pointe de la péninsule le point de vue »Pointe du confluent« avec ses pontons de bateaux-mouches, ou le parc, lui aussi aménagé par Coop Himmelb(l)au. Sous le ventre du musée en surplomb qui donne l'impression de planer, voire pendre librement, on trouve sur la place en été de l'ombre bénéfique et un abri contre la pluie par mauvais temps. Un air agréablement frais est donné par un bassin étendu dont les vaguelettes ridées par le vent reflètent et renforcent l'arrondi du bas-ventre du musée en déformant ses contours. Une brasserie qui y est installée souligne le caractère public de cette zone qui se présente non pas comme un espace angoissant en reste, mais bien comme un espace de passage ambitionné et attractif qui donne envie de s'y attarder.

Comme déjà mentionné à plusieurs reprises, c'est au-dessus de l'esplanade d'ombres et de lumières que trône, voire plane le corps principal du musée, décrit par Coop Himmelb(l)au, selon l'humeur, de manière idéaliste et euphémique comme un Nuage. Les nuages célestes

sont des formes éphémères qui n'ont donc nullement besoin de structures de soutènement. Il n'est pas de même pour ce Nuage de Lyon, puisque celui-ci a besoin d'un corset statique résistant qui ne peut se passer, du moins par endroits, d'être ancré dans le sol. Celui qui a suivi les progrès des travaux a pu observer, au fil des années, l'accroissement continu d'un squelette de poutrelles en acier verticales et horizontales, montées à la manière d'un pont, squelette fortement déformé, partiellement même plissé ou retroussé; évoquant au fur et à mesure tantôt un squelette de dinosaure ou un coffrage de construction navale, le squelette du Nuage ne tarda pas à devenir si complexe que peu à peu un système statique d'une subtilité telle devint incontournable que seule une assistance par l'informatique pouvait garantir. En effet Coop Himmelb(l)au, comme dans de nombreux projets précédents, fit de plus appel aux ingénieurs expérimentés de l'équipe Bollinger und Grohmann qui ont conçu, en collaboration avec des ingénieurs français, les calculs algorithmiques de ce projet difficile et puis accompagné sa réalisation.

Le résultat en est ce Nuage, système de soutènement suspendu comme un pont qui repose sur douze supports et trois piles en béton, où sont aménagés des escaliers de secours et des puits d'installation. Des cloisonnages en acier de la hauteur d'une pièce subdivisent les étages d'exposition insérés dans le Nuage tout en fournissant les parois des »black boxes« pour toutes les expositions permanentes et temporaires. Aujourd'hui le bâtiment brut imposant, presque monstrueux du Nuage est certes enrobé par un grand revêtement couleur argent d'une épaisseur de 3 mm de plaques en acier inoxydable qui ont été traitées par des jets de perles en verre. Vu que ce revêtement couvre à la fois les excroissances libres de 20 à 30 m de large de cette construction de près de 90 m de largeur et en plus sa longueur de 190 m, un patron fait sur mesure, que seuls des ordinateurs sont capables de calculer, devenait indispensable. À la vue des éléments en inox coupés en triangles et intérieurement déformés on devine facilement qu'en réalité, en ce qui concerne la courbe et la coupe, pour ainsi dire aucune plaque n'est identique à l'autre.

On accède au bâtiment par le nord. À côté du musée on a remplacé une vieille passerelle par un pont tout neuf dont la qualité, hélas, ne convainc guère, pour la simple raison que sa construction relativement simple est largement dépassée par la prouesse architecturale du musée. Quel bonheur c'eût été si on avait confié à Prix et son équipe également la conception de cette construction d'ingénieur qui aurait dirigé les flux du trafic de proximité vers le musée et intégré dans l'ensemble du site de manière palpable.

Au bout du pont, une esplanade pavée mène par un vaste perron vers le portail principal du musée – le terme de »portail principal« ne rendant absolument pas compte de ce qu'y attendra le visiteur. Car au-dessus de lui se dressent les 30 m d'une structure en acier et verre aux arêtes cristallines au nom de Cristal. Il sert à vrai dire de hall d'entrée, mais n'a rien en commun avec un hall conventionnel. Mis en scène spectaculairement, il est en fait le pivot de la configuration du musée dans son ensemble, car c'est ici que le point de convergence des forces du pays, de la ville, des cours d'eau et du nouveau bâtiment trouve l'expression spatiale la plus précise comme »interface«. En même temps il remplit la fonction de filtre, distributeur principal ou condensateur de tous les mouvements internes. Que cet accroche œil

Musée des Confluences consists of three layers of space on top of each other. Because of the groundwater the lowest layer consists of a slightly raised concrete base that solidly anchors the »flying« building mass on the peninsula. The 60 000 cbm volume of this pedestal contains an entry and foyer for large groups of visitors, together with rooms for seminars and conferences, workshops, storage and deliveries. Attached to it are two amply designed auditoriums for 327 and 122 persons, they can be used by schools in the vicinity for their own teaching purposes.

On the roof or cover of the massive base and below the much higher positioned »wing of the Clouds« extends a sweeping piazza. It can be reached by stairs and ramps and the visitors move freely below the piled-up museum to reach the tip of the peninsula and the view point »Pointe du confluent« with the landing of excursion boats and the museum park, also designed by Coop Himmelb(l)au. On the piazza, under the far projecting, seemingly free-floating or suspended belly of the museum we find pleasant shade in summer and rain protection during bad weather. In addition a large pool with slightly agitated waves is reflecting and emphasizing the sculptural underside of the curved museum body, also having a welcome cooling effect. This area could have been a neglected fringe zone, but it has been carefully designed as part of a path, the public character of which is underlined by a brasserie that turns the place into an attractive space to linger.

As already mentioned, the far projecting main volume of the new museum is enthroned or rather suspended over the piazza's domain of light and shade. According to their prevailing mood Coop Himmelb(l)au describe it idealizing and stylizing or even euphemistically as a Cloud. Celestial clouds are ephemeral beings, not needing any supports. This cannot be said of the Cloud in Lyon, which needs a structural corset that requires at some points contact with the ground. Who was able to follow the construction of the Musée des Confluences, witnessed through the years an ever growing, bridge-like structure, a heavily deformed, partially even folded and pouched-in skeleton of vertical and horizontal steel sections. With the building's progress it looked like an archaic saurian carcass or a ship's frame, but soon the structure of the Cloud was so complex, needing at every step such a differentiated system of statics that it could only be generated with the aid of computers. As a matter of fact, like in many previous projects by Coop Himmelb(l)au, also this time the distinguished engineers of the Bollinger und Grohmann team, in cooperation with French stress analysts worked out the algorithms for the architectural concept and accompanied its execution.

The resulting bridge-like or floating structure of the Cloud rests upon twelve concrete pillars and three concrete towers that contain emergency stairs and service installations. Steel trusses of room height divide the exhibition floors that are introduced into the Cloud and form the walls of the »black boxes« for permanent or temporary exhibitions. Today, however, the impressive, monster-like structure of the Cloud is wrapped into a 14 000 sqm big silver-white skin of 3 mm thick glass-blasted stainless steel sheets. As this skin covers the 20 to 30 m cantilevers of the up to 90 m wide building, as well as its 190 m long silhouette, a computer-calculated pattern was needed. In reality no two pieces of the triangular metal tiles, each bent to the required curvature, are equal.

The building is reached from the north. An old pedestrian bridge next to the museum was replaced by a new, trivial construction. Why trivial? Because this unsophisticated traffic structure stays way below the boldness of the museum's configuration. How beautiful it would have been if Prix and his Himmelb(l)au team were commissioned with the design of this engineering structure, which would steer the »fluids« of local traffic to the »confluence« in a way that would visually complete the ensemble.

A broad flight of steps leads from the paved forecourt at the end of the bridge to the main entrance of the museum – but the term »main entrance« does not measure up at all to what is meeting the visitor: Above him towers a more than 30 m high tilted crystalline steel-glass structure, the so-called Crystal. Functionally it is the entrance hall – but with that all similarities with conventional halls are ending. In fact this Crystal is the furiously staged focus and pivotal point of the whole museum's configuration, where the meeting of the invisible forces of land, town, river and museum is most precisely materialized as an »interface«. At the same time it acts as a filter, a condenser and principal distributor of all internal movements. It surely is in accordance with the intentions of the architect that this eye catcher generates the most diverse emotions.

As if the Crystal, tilted in itself, did not release undreamt of effects *per se*, a huge vortex-like inversion at mid level creates further irritations. Beyond its plastic effect the vortex-like »hole« is of structural significance. The primary structure of the Crystal is a frame of rectangular tubes of 200x400 mm. This structure rests partly on the concrete base, partly on the main frame of the Cloud. The deeply descending inversion in the middle20 of the Crystal, which is named by the architects »Gravity Well«, functions as a huge downward support of the principal structure, carrying the forces in a funnel shaped frame to the ground. This »Gravity Well« reduces the weight of steel construction of the Crystal by one third. At the same time it relates to the turbulences seen at the meeting of Rhône and Saône a few meters away.

Already in Munich's BMW Welt was a similar turbulence, the so-called »double cone«, a hurricane's vortex of steel and glass. In fact, its deeply retracted eye can only be seen in a bird's view. In contrast the »Gravity Well« in Lyon can be »grasped« in the truest sense of the word as the dominating motive. All routes and courses of movement are grouped around it, focused only on it. It sets the pulse and scale of the Crystal for everything what happens in it. That it is an essential part of the structure is less important for the observer. Understandable, but regrettable that the dynamics of this powerful trapped-in space are lessened by a glass cover in mid height.

The secondary structure carries the large glass panels of the Crystal. Its steel sections correspond to the grid of the glazing. The two structural systems are connected by tubular bars bolted to plates that are welded to the primary structure. Lamellas for sun protection are placed between primary and secondary frame, they protect the glass surfaces most exposed to the sun. They also serve for noise control. Especially clear single glass panes were used for glazing. Many windows can be opened by means of small motors to provide natural ventilation. Windows lower down shall serve as smoke outlet in case of fire. Large glass doors indicate the main

est susceptible en plus de libérer des émotions, est tout à fait voulu par ses créateurs.

Comme si ce Cristal quintessencié n'évoquait pas déjà en soi des réactions insoupçonnées, un enfoncement à mi-hauteur provoquant de gigantesques remous causent en nous d'autres émotions. Au-delà de l'effet imagé et plastique »ce trou« tourbillonnant a une fonction statique. La charpente primaire du Cristal est un treillis cylindrique recouvert en de multiples pièces rectangulaires dont la coupe transversale est de 400 x 200 mm. Cette structure repose d'une part sur un socle en béton, d'autre part sur la charpente du Nuage. Et dans le centre du Cristal se trouve ledit espace en soubassement nommé par les concepteurs Himmelb(l)au »Gravity Well« (Puits de gravité) qui fait en réalité office de soutien important du soubassement de la charpente primaire, ce renfort ressemblant à un pied formé en corolles. Par ce »Puits de gravité« le poids total de la charpente d'acier du Cristal sera réduit d'un tiers. En même temps il établit un rapport avec les tourbillons de la rencontre des confluents Rhône et Saône, qui se situent à quelques mètres de là, lieu idéal pour cette observation.

Déjà lors du projet munichois BMW Welt il y avait un tourbillon similaire le dit »double cône«; un tourbillon ou plutôt un ouragan en acier et en verre, dont l'œil très en retrait est naturellement perceptible uniquement en vue aérienne. Le »Puits de gravité« à Lyon est par contre, un tourbillon qui domine l'espace, vraiment »palpable«, le point focal en soi et tous les parcours et les chemins y mènent. Il est le donneur de tact, le fondement pour le Cristal et tout ce qui peut se produire en son sein, qu'il est un élément essentiel de la charpente primaire joue un rôle secondaire pour le contemplateur. Compréhensible mais réellement dommage, que la dynamique de ce fort tourbillon soit limitée dans l'espace à mi-hauteur par un couvercle de verre.

La charpente secondaire supporte les grandes plaques de verre du Cristal. Ses profilés tubulaires en acier sont minutieusement ajustés pour la fixation des plaques de verres. Par des profilés tubulaires qui sont fixés par des boulons eux-mêmes soudés à la charpente primaire, réunissent les deux systèmes de charpente. Des lamelles brise-soleil installées entre les charpentes primaire et secondaire protègent la verrière aux endroits de fort soleil. En outre elles font effet d'isolation phonique. Pour l'installation de la verrière le choix a porté sur de simple vitrage translucide. De nombreuses fenêtres s'ouvrent à l'aide de petit moteur et garantissent une aération naturelle. D'autres fenêtres dans le soubassement font office de désenfumage en cas d'incendie. De grandes portes vitrées indiquent l'entrée principale. Celui-ci est protégé par une toiture montante en biais allant à la charpente primaire et qui est habillé comme le Nuage avec des plaques en tôle d'acier.

La liste constructive d'attributs se réduit cependant à une apostille, en comparaison avec l'effet fantastique que le Cristal éveille en son sein. Un labyrinthe de passerelles en cascades et d'escalators allant dans tous les sens et presque en confrontation, complétés par des rampes en spirales, provoque une atmosphère qui comme pour un dessin un peu lugubre aboutit à une stéréographie d'une clarté étincelante très réussie que Piranesi nous présenta il y a fort longtemps dans les *Carceri*. Au contraire, la hauteur de cathédrale du Cristal, encombré des couches constamment changeant et des éléments fermant ou ouvrant l'espace, profané surtout par la »glissoire« del la rampe en spirale, également

par les escaliers et les escalators, aussi bien que par le »Puits de gravité« surréel, est ramenée à une échelle humaine.

De telles tentatives de descriptions sommaires peuvent cependant justifier à une moindre mesure cette fascination, cet attrait que le bâtiment exerce depuis son ouverture. Pourtant le Cristal à Lyon a absolument un précurseur. Après tout Prix a déjà présenté avec Helmut Swiczinsky (cofondateur, entre-temps exclu du Coop Himmelb(l)au pour la construction du UFA-Kristallpalast de Dresde un Cristal spectaculaire comme entrée jouxtant un groupe de bâtiments plus grand. Les réactions publiques étaient en ce temps loin d'être aimables. »L'architecture de Coop Himmelb(l)au tombe sur la ville par éclats, avec une force brachiale selon une chanson des Stones dans laquelle Gehry bat la mesure – et où des constructions animées par des logiciels font des pirouettes, comme s'il s'agissait d'enfoncer et de faire disparaître en dansant l'église de pèlerinage à Ronchamp de Le Corbusier, à ce moment arrivent les Viennois pour les en empêcher.« De telles prises de position de la presse quotidienne n'étaient autrefois pas une exception. Sans égards le groupe à Dresde fut donné en spectacle, »opérations sur la boîte« était d'une grande importance pour le travail dans le futur de Coop Himmelb(l)au. À Dresde se trouva à vrai dire d'une part une boîte à cinéma, un container en béton pas comme une fracture mais structuré tout à fait rationnel, à la rigueur aiguisé aux angles et composé avec pour objectif de projeter des images de rêve et d'illusion. D'autre part il y avait là par économie de boîtes à cinéma une plus-value atteinte sous la forme du Cristal. Avant tout ce dernier élément sera primordial pour que Coop Himmelb(l)au délaisse à tout jamais la boîte de l'UFA-Kristallpalast de Dresde pour atteindre de réelles limites.

Cette constatation ne concerne pas nécessairement la circonstance que le Cristal de Dresde semble être une réincarnation de cette architecture fictive et cristalline, qui plaida la cause de la révolution sociale de la célèbre »Gläserne Kette«, Bruno Taut au premier plan, pendant la Première Guerre mondiale et par la suite dans les années d'effervescence sociale, uniquement de façon épistolaire sans pouvoir le réaliser. Tout au plus pourrait-on se souvenir de Paul Scheerbart inspirateur littéraire de l'Expressionisme allemand. »L'architecture du verre« donnera l'impression de flotter, avait-il dit tout en faisant une conclusion équivoque, »l'influence de l'architecture du verre peut uniquement être une influence positive sur le psychisme humain«. On pourrait également se souvenir d'une phrase comme celle-ci: »L'architecture du verre transforme les habitats en cathédrale et doit absolument en donner l'aspect.« Cependant des références formelles, littéraires à l'histoire de l'architecture apparaissent finalement aussi superficielles, et atteignent aussi peu le fond du sujet que les inlassables recours de certains Déconstructivistes et de leurs critiques sur l'architecture utopiste soviétique.

Certes non; les domaines extrêmes s'appliquent au Cristal de Dresde essentiellement en considérant les différentes aperceptions. Où y a-t-il eu auparavant – sans les folies historiques bien entendu – un tel bâtiment, qui se présente d'une façon différente, même d'une façon extrêmement différente, selon l'angle visuel choisi? Sans aucun doute, c'est le cas aussi bien à Dresde qu'à Lyon! Selon la perspective, le Cristal de Dresde comme le Cristal de Lyon donne l'impression d'une montée abrupte, statiquement parlant, d'un autre côté dange-

entrance. Outside it is protected by an inclined awning, directly fixed to the main frame and, like the Cloud, clad in steel sheets.

Compared with the fantastic effect of the interior of the Crystal, a listing of structural details is of marginal interest. A labyrinth of superposed cascading stairs and escalators are criss-crossing the space. Completed by an additional spiral ramp it produces an atmosphere, which appears like a positive, brightly glowing opposite picture of the somber and vexing *Carceri* images, long ago created by Piranesi. In contrast to them the cathedral-like height of the Crystal, encased by continuously changing layers of elements limiting and de-limiting the space, profaned mainly by the spiraling »slide« of the ramp, but also by the stairs and escalators as well as by the surreal »Gravity Well«, is brought down to a human scale.

These meager attempts to describe the building explain only to a small extent the fascination and attraction the museum exerts on the public since its opening. And yet, the Lyon Crystal has a precedent: Already once at the UFA-Kristallpalast in Dresden did Prix together with Helmut Swiczinsky (the former partner and co-founder of Coop Himmelb(l)au) use a spectacular Crystal as entrance of a larger building complex. At the time public reaction was not at all positive. »The architecture of Coop Himmelb(l)au is always hi-jacking the town by splintering it; it frazzles with the brute force of a Stones song where Gehry swings like a symphony and his buildings turn computer driven pirouettes, like wanting to out-dance Le Corbusier's Ronchamp chapel, the Viennese crack in with bladed wedges«. Such and similar notes in the daily press were no exception. Despite this, the »operations on the box« quite bluntly displayed by Coop Himmelb(l)au were really important for the future work of the team. On the one hand there is a cinema box in Dresden, but not as a fractured, but as a rational, sharp edged, only lightly chamfered concrete container for the projection of dreams and illusions. On the other hand it was possible to add a Crystal as an additional benefit by saving costs in the construction of the cinema box. Most notably we owe to the Crystal that with the Dresden UFA-Kristallpalast the architects finally left the box behind and entered real border zones.

This conclusion touches to a lesser extent the fact that the Crystal in Dresden is like a reincarnation of fictitious crystalline architecture put on paper during World War I and the following revolutionary years by the social-revolutionary members of the legendary »Gläserne Kette«, above all by Bruno Taut. None of it was ever built. Possibly we remember Paul Scheerbart, the literary stimulator of German Expressionism. He said: »Glass architecture shall be floating« and concluded rather questionably that the »influence of glass architecture on the human psyche could only be good«. Or we recall a sentence like this: »Glass architecture turns human places into cathedrals and must function like them«. But formal or literary reflections on the history of architecture are in the end as superficial and do not hit the core as does the prayer-wheel-like recourse of some Deconstructivists and their critics to utopist architecture in Soviet Russia.

No, the Dresden Crystal touches a border zone, most of all on the levels of visual perception. Historical follies excluded, where was ever before a building that presented itself totally different, even extremely different, from various vantage points? This exactly is the case in Dresden as also in Lyon! Seen from one side the Dresden and Lyon Crystals appear static, rising steeply; from another side disturbingly out of whack, smashed; and from the third side altogether dissolving, evaporating in light and mirror reflexes. In plain surrealistic fashion a crystalline object implanted in the town emerges as an *objet trouvé,* as an evocated emergence of something incomprehensible, of ever changing material constitution, from solid to liquid and etherealness. A mutant or hybrid in the middle of town? A being that left the box

reusement disloqué, comme anéanti. Et finalement de la troisième perspective fluide, sans contours se perdant dans la lumière et les reflets miroitants. Tout à la manière surréaliste quelque chose de cristallin apparaît comme, un *objet trouvé* implanté là dans la ville, une émergence évocatrice, insaisissable, une construction matérielle qui semble de plus être en perpétuel changement, du solide vers la liquéfaction, le surnaturel. Un mutant ou hybride au milieu de la ville? Une chose qui laisse la boîte très loin derrière elle? Quoiqu'il en soi, c'est sûr: le Cristal de Dresde, qui fut le résultat d'un projet de construction profane, un produit résiduaire de luxe, une construction robuste et inébranlable, a provoqué au niveau de l'aperception un effondrement de la boîte, a valorisé une transformation inquiétante, telle celle du roman de Kafka, en un autre état de la matière. Où le transitoire du procédé, la faculté de réactions plus exactement à l'encontre de cette construction solidement ancrée dans le centre-ville apporte à l'habitat un bienfait.

Ce processus est pour le centre du Cristal de Dresde d'une réelle importance. Le transitoire est la vitrine surdimensionnelle, une vitrine eo ipso en tant qu'objet exposé et en même temps sectoriel. Ainsi selon les propres mots de Coop Himmelb(l)au le Cristal de Dresde devint le réflecteur d'émotions, provoquées par des films ou autres émotions affligeantes. Ainsi Coop Himmelb(l)au, cela peut paraître curieux, revint à ses racines à Dresde lors du »Supersommer« de Vienne en 1976. »Prise de possession émotionnelle de la ville« c'était à l'époque la devise; cependant avec cette infime différence, qu'autrefois ces installations éphémères étaient devenues entre-temps et depuis longtemps des constructions accessibles. À cette occasion nous avons pu vivre des moments captivants où le saisissable dans la dialectique trouve des effets subtils diurne et nocturne, pendant que des pièces soit disant sûres et solides commencent à se dissoudre dans un cadre insaisissable et surnaturel de réflecteurs médiumniques de l'espace. »La conception médiatique de notre projet à Dresde«, dirent Prix et Swiczinsky, »est la concrétisation du contenu, qui est d'une part donné par le déchiffrage de la vie de l'architecture et d'autre part par des projections dans le foyer qui transfèrent le contenu du bâtiment de l'intérieur vers l'extérieur. L'événement médiumnique sera projeté vers l'extérieur et participe à la création de l'espace urbain de la nuit.«

À l'opposé du Cristal expérimental de Dresde le Cristal de Lyon d'un volume de plus de 25 000 m³ est très souverain avec ses effets cinématiques. La manière inimitable, tels les »fluides« immatériels qui se mettent sur scène, qui se matérialisent, mérite des éloges. Néanmoins l'avant-scène en verre en tant que zone transitoire entre l'espace-ville et le musée doit également remplir des devoirs tout à fait profanes. Ainsi l'entrée libre du musée permet d'arriver jusqu'au premier niveau où la librairie et le magasin du musée peuvent être visités pour quitter le bâtiment en direction de la piazza se trouvant sous le Nuage. La plupart des visiteurs arrivant du Cristal vont naturellement explorer les salles d'exposition du premier et du deuxième étage. Ou ils vont, toujours dans la zone de l'entrée libre, tout à fait en haut pour aller au restaurant qui se trouve sur le toit et admirer le panorama magnifique de la terrasse. Semblable au bâtiment légendaire de la Central Library de Seattle, que Rem Koolhaas termina en 2004, le Musée des Confluences avec le Cristal abrite donc également une zone accessible au public permettant à tout un chacun

de flâner et de s'attarder, dans l'enceinte à proprement dit du musée.

Le grand hall du Cristal a essentiellement comme fonction de préparer les visiteurs du point de vue sensoriel et émotionnel à l'accessibilité du Nuage. De façon concrète, le Nuage d'un volume de 110 000 m³ est constitué de deux zones d'exposition très hautes et superposées au-dessus desquelles repose encore une troisième beaucoup plus basse qui n'est plus accessible au public puisque celle-ci est administrative. Non seulement l'étage inférieur d'exposition avec ses cinq salles pour les expositions itinérantes mais aussi le niveau supérieur d'exposition avec ses quatre salles pour expositions permanentes sont viabilisés et reliés par des espaces liants, représentés par des voies internes, des cours éclairées, des escaliers et des ascenseurs. À droite comme à gauche de ses lieux de connexion, se rétrécissant ou s'élargissant, seuls endroits du Nuage à recevoir de la lumière du jour par le haut, le visiteur peut pénétrer dans les boîtes noires sans fenêtres le domaine réel d'exposition ou des salles de séminaire. En réalité les salles d'exposition sont orthogonales et sombres. Là, les objets d'exposition sont mis en scène de façon adéquate par des faisceaux de lumières subtiles et par des installations modernes et médiales. Pas uniquement les enfants sont attirés comme par magie vers un squelette de sauriens également mis en scène dans cet espace, que les archéologues de Lyon mirent à jour il y a des années sur le territoire de la ville. Alors que le niveau inférieur d'exposition possède seulement une unique voie, son pendant sur le niveau supérieur est un éventail presque labyrinthique de réseau de chemins. En bout de chemin les visiteurs sont récompensés par une estrade vitrée à hauteur de pièce avec une vue grandiose sur la »Pointe du confluent«, la ville et la vallée du Rhône. Une vue panoramique fantastique s'offre également aux visiteurs du niveau supérieur par la tête vitrée du Cristal sur les environs proches du Musée constitués d'habitats urbains.

Mais jusqu'à quel point tout cela est lié au thème du Nuage? Un petit retour en arrière pourrait nous aider. En 1968 Prix et Swiczinsky décrirent le nom de leur groupe comme suit: »Coop Himmelblau n'est pas une couleur, mais une idée, c'est-à-dire de transformer l'architecture avec fantaisie en un nuage de légèreté et de formes changeantes.« Un peu plus tard les Coop devinrent plus agressifs. L'architecture doit avoir des caractères: »tel un ravin, être chaud, lisse, dur, anguleux, brutal, rond, doux, haut en couleurs, obscène, concupiscent, rêveur, déplacé, sans attirance, mouillé, sec et émouvant«. »L'architecture doit brûler« devint la simple citation de toute une génération d'architectes à la fin des années 1970. Fin des années 1980 ce fut plus conciliant: »Nous pensons à la dangerosité non domestiquée de l'architecture. Si nous parlons de Baleines bondissantes, d'autres pensent aux sauriens, nous, au vol de 30 tonnes de poids. Nous ne trouvons pas l'architecture dans un dictionnaire. Notre architecture se trouve là où les idées sont plus rapides que les mains, pour les saisir.«

La transposition des Nuages flottants et des Baleines bondissantes que Coop Himmelb(l)au nous avait présentés en captivant modèles et dessins par le biais de nombreuses années de vaches maigres (aujourd'hui, ils ornent de nombreuses grandes collections au monde) dans la réalité a pris un temps très long. Un long arc s'étend entre le projet *Cloud* de l'année 1968 et le pro-

far behind? Whatever the case, one thing is certain: The Dresden Crystal, quasi economically priced as the luxurious »waste-product« of a profane developer's sturdily constructed and solidly built project, caused a kind of »melt-down« of the box, conveying the eerie transformation into a different state of aggregation as found in Kafka's fiction. The transitory quality of this process definitely benefits the urban surroundings, or more precisely the reactive capabilities of a building in responding to the changing, fluent urban surroundings, while being solidly anchored in the middle of town.

All this applies more strongly to the interior of the Dresden Crystal. In a way the transitory is presented in a larger-than-life-size glass case, the showcase itself an exhibit but at the same time delimited. According to the architects the Dresden Crystal became the reflector of emotions produced by films and other emotional seizures. As curious as it sounds Coop Himmelb(l)au had returned to their roots of the Vienna »Supersommer« of 1976, when the motto was »taking emotional possession of the city«; albeit then with the little difference of limitation to ephemeral installations, while now having reached concrete built reality. In Dresden we caught the exact moment of the comprehensible expressing itself in the dialectic of ingenious day and night effects, while supposedly stable and firm spaces gradually dissolve into the ethereal ungraspableness of spacious media reflectors. Prix and Swiczinsky said: »The medial concept of our design in Dresden is to make the contents visible, which on the one hand is given by the legible life of the architecture, on the other hand by projections in the foyer that will transfer the inside of the building to the outside. The medial event is projected to the outside and contributes to the creation of urban space at night.«

In contrast to the experimental Crystal in Dresden the Crystal in Lyon with its volume of more than 25 000 cbm handles kinematic effects with aplomb. The inimitable way of materializing immaterial »fluids« is ready for the stage and demands respect. Nevertheless, the glass proscenium as transitory space between town and museum must fulfill also very different prosaic tasks. Without paying admission one can visit the bookshop or the museum shop, or can instantly leave the building again via the piazza below the Cloud. Of course most visitors will start from the Crystal to explore the two levels above, but without paying they also could take the lift all the way up and visit the restaurant on the roof with its magnificent panorama. Similarly to the legendary Seattle Central Library, completed in 2004 by Rem Koolhaas, the Musée des Confluences contains with its Crystal a public zone that everybody can enter and where anyone may stop and linger.

The main task of the large Crystal hall is to attune the visitors haptically and emotionally to entering the Cloud. Functionally the 110 000 cbm Cloud consists of two very high superposed exhibition spaces, over which follows a much lower third level for the administration, not open to the public. The first exhibition level with its five halls for temporary exhibitions and the second level with its four permanent exhibition spaces are opened up and connected by espaces liants, meaning internal streets, areaways, stairs and lifts. The visitor can enter the windowless black boxes of the actual exhibition area or the seminar rooms to the right and left of the wide or narrow circulation lanes. They are the only spaces of the Cloud which receive natural light from above. The actual exhibition rooms are orthogonal and dark. The exhibits are showcased with sophisticated lighting and up-to-date media technology. Not only children are magically attracted by a monumental saurian skeleton that was years ago dug up by archaeologists in the metropolitan area of Lyon and is now impressively mounted in space. While the first level has only one single, plaza-like street, its equivalent on the second level changes into a labyrinthine network of paths. Room-high glazed viewing balconies at the end of the passages reward the visitors with terrific views of the »Pointe du confluent«, the city and the Rhône Valley. Also from the top level of the glazed Crystal the visitors have a fabulous panoramic view of the urban surroundings of the museum.

But how is all this related to the concept Cloud? Maybe a short retrospect will help. In the year 1968 Prix and Swiczinsky described the name of their team as follows: »Coop Himmelblau is not a color but an idea to turn architecture with imagination into something light and changeable like clouds.« A bit later the Coops became more aggressive. Architecture should be »fissured, fiery, smooth, hard, angular, brutal, round, tender, colorful, obscene, lewd, dreamy, approachable, forbidding, wet, dry and with a heartbeat«. In the 1970s the catchy slogan of a whole generation of architects was: »Architecture must burn.« By the end of the 1980s it sounded a bit more conciliatory: »We think of the untamed danger inherent in architecture. When we talk of jumping whales, others think of dinosaurs. But we think of 30 tons of flying weight. We don't find architecture in an encyclopedia. Our architecture is to be found where thoughts are grasping more quickly than hands.«

The translation of the floating Clouds and jumping Whales that Coop Himmelb(l)au had presented us by captivating models and drawings through many lean years (today they grace many big collections in the world) into reality took a very long time. A wide arc stretches from the first Cloud projects of 1968 over further important Cloud designs immediately afterwards #to the legendary Cloud #9 project for the United Nations in Geneva in the year 1995.

In the light of the many small, sculptural, craggy or cumbersome room installations, accompanied by a much larger number of non executed projects with which Prix and Swiczinsky for decades remained on the scene, Clouds and Whales were practically relegated to the Olympus of architectural fantasy. Until with the east pavilion of the city museum in Groningen (1993–1994) and then the UFA-Kristallpalast in Dresden the international breakthrough was achieved. Although the east pavilion in Groningen and the Dresden cinema complex are still crystalline buildings, the motif of a spacious double cone, here made of thin steel cables, appears for the first time in Dresden. But already in the »Floating City« which Prix and Swiczinsky created as »Arteplage« for the Swiss Expo 01/02 in Biel/Bienne the double cone dominated with its far-projecting, airy cloud-like roof over the square-cut, dancing towers next to it. Here it was again, the old dream of built Clouds, which in the meantime had numerous offspring in the form of computer-generated Cloud projections. One of those Clouds was the already mentioned Cloud #9, a competition entry for a large complex of the United Nations in Geneva.

Since the explanatory report for this project is very enlightening for Coop Himmelb(l)au's conception of the Cloud hanger at the BMW Welt in Munich and of all later projects, it is quoted here in toto: »The concept of Cloud #9 picks up the wish to return to our beginnings, but to

jet légendaire du *Cloud #9* pour les Nations Unis à Genève de l'année 1995.

Prenons les nombreuses petites installations sculpturales, fissurées jusqu'à être encombrantes, en parallèle à un bien plus grand, nombre de projets inachevés avec lesquels Prix et Swiczinsky surent se mettre en valeur des dizaines d'années durant dans le milieu, pendant ce temps-là le nuage et la baleine furent déjà banni dans l'olympe de la fantaisie architecturale. Jusqu'au moment où le pavillon de l'est du musée municipal de Groningen (1993–1994) et le UFA-Kristallpalast de Dresde trouvèrent finalement une renommée internationale. Même s'il s'agit avec le pavillon de l'est de Groningen et le UFA-Kristallpalast encore d'une architecture cristalline mais là à Dresde apparaît pour le moins la première fois le motif de la double forme conique s'enchevêtrant, cette configuration étant certes en câbles d'acier très fins. Mais déjà dans la »Schwimmende Stadt«, que Prix et Swiczinsky créèrent pour l'Expo 01/02 à Biel/Bienne, Suisse, en tant qu'»Arteplage«, la double forme conique devint à côté de tours carrés en mouvement un support dominant pour un toit de large dimension, d'une légèreté d'un nuage. Et voilà tout d'un coup que le vieux rêve de nuages construits revenu, qui entre-temps avaient obtenu des formes à plusieurs têtes, ces projections de Nuages soutenues par les programmes d'ordinateur. Un Nuage de cette provenance, comme déjà mentionné, était le *Coud # 9*, un projet de concours pour le complexe de nouveaux bâtiments des Nations Unis à Genève.

Puisque le rapport détaillé de ce projet est infiniment révélateur de la conception de Coop Himmelb(l)au avec le Nuage en courbe de Munich de la BMW Welt et tous les projets qui s'en suivent, la traduction du texte est ici dans toute sa longueur: »Le concept de *Cloud #9* a pour but de retourner à nos débuts pour cependant le dépasser. À la fin du 20ème siècle et spécialement en relation avec un concours pour les Nations Unis, l'idée du Nuage eut une nouvelle signification. La structure socio-politique instable en perpétuelle croissance et transformation de notre monde illustre le changement paradigmatique, qui touche plusieurs niveaux – de la génétique jusqu'à la physique des quanta. Le changement peut être compris comme transfert, voir le monde non plus par des objets seuls mais par la signification de leur interaction. Ceci correspond au comportement, qui se reflète dans la remarque de Michel Foucault que chaque forme est un jeu de contraintes. Le Nuage seul peut être vu comme idée sans concept adéquat; c'est plutôt un système différencié qu'un objet. Puisque c'est le produit d'un tissage complexe d'influences, dans lequel il se reconnaît, il se soustrait à toute identité. Ainsi le Nuage en tant que méthode risque d'échapper au contrôle des architectes, ouvrant en même temps de nouveaux domaines d'espaces possibles. Similaire à la forme d'un Nuage sensible à la chaleur, au vent et à la pression le projet de la place des Nations est sensible face aux contraintes du terrain et du programme – pour la puissance de la ville. L'espace du Nuage s'enflamme à l'intersection des paramètres des plans de la ville, des limites de la hauteur et des vecteurs de la circulation. Le résultat est une énigme douce et fluctuante – un bâtiment qui ne veut plus être un bâtiment. L'enveloppe du Nuage devient une construction en filet avec un aspect de verre qui définit simplement un espace à demi ouvert. La transparence de cette écorce permet par la superposition de lumière et de couleur d'avoir le regard tourné vers le mouvement des gens. L'espace devient en même temps zone de rencontre pour diplomates, étudiants et touristes, et également passage de la ville de Genève vers la zone des Nations Unis. Dans cette zone sortent de cages d'ascenseurs en béton des bureaux privés pour consulats et missions. L'espace entre enveloppe et structure solide, qui est utilisé pour les balcons et les rampes, permet des économies passives d'énergie et une circulation d'air à l'image d'un Nuage.«

La voici donc alors cette idée première qui a généré le processus de développement de la BMW Welt et du Musée des Confluences. Trop peu prévisible, constructif beaucoup trop onéreux, trop peu rentable, trop peu compatible à la ville, trop inhabituel étaient ces propositions tellement audacieuses, avec seulement une infime chance d'être réalisées. Ce qui veut dire que Coop Himmelb(l)au au milieu des années 1990 attendait avec une impatience croissante la première occasion pour pouvoir enfin passer à l'action. Ils étaient prêts à pouvoir le réaliser, à – comme pour des défis similaires – simplement devoir le réaliser. En vain on espérait que le *Cloud #9* fasse le gros coup. Mais finalement ce fut réservé à un global player orienté vers la technique et le design comme le groupe BMW qui permettra la réalisation du premier Nuage dans l'œuvre de Coop Himmelb(l)au.

Mais pas seulement les maîtres d'œuvre et les architectes permirent ce développement avant tout les planificateurs de construction de charpente réceptifs possédant des logiciels innovants. Finalement c'est à eux que l'on doit la renaissance du Nuage, des Nuages réalisables et réalisés. Depuis ce moment des Nuages et des double cône sont à la pointe non seulement dans les concours de Coop Himmelb(l)au mais pour la première fois également des projets sont récompensés. Ainsi le Urban Entertainment Center à Guadalajara au Mexique, dont la planification débuta en 1998 a été pourvu de larges toits ressemblants à des Nuages reposant sur des doubles cônes anguleux. Les Munichois auraient presque perdu l'avantage; si la construction du Musée des Confluences à Lyon, déjà en préparation depuis six ans, avait commencé à temps, on aurait pu visiter depuis plus longtemps cette architecture de Nuage à retenir son souffle. Ainsi BMW a tiré le gros lot et Coop Himmelb(l)au le précurseur des Nuages a vraiment pu en faire une réalité.

Par un concept constructif, sa réalisation fut possible non seulement grâce à ses architectes mais avant tout grâce à ses planificateurs de charpente Klaus Bollinger et Manfred Grohmann. Ils ont veillé à ce que la vision d'un édifice aérien en architecture de Nuage sans support resta statiquement maîtrisable. C'est le Nuage de Munich, construction réfléchie, statiquement solide qui en principe satisfait les conventions de l'architecture occidentale. Elle est vraiment intégrable. Cela veut dire: Dans cet édifice en bas est vraiment en bas et en haut est facilement reconnaissable que c'est en haut. En sous-sol tout est massif et lourd. Plus en haut cela ne devient pas vraiment léger comme une plume, mais assez aéré.

Le BMW Welt est à vrai dire très constructif, comme un modèle à deux couches qui est composé d'une zone terrestre et d'une céleste. La couche terrestre est en béton armé et contient les trois étages inférieurs. La couche céleste est constituée de 5000 tonnes d'acier en système de colombage, qui se développe formellement et de façon constructive du spectaculaire double cône et donne son empreinte au lounge. Le revêtement du toit dans sa totalité prend la forme d'un Nuage, est

go beyond them as well. The idea of the Cloud acquired a new meaning at the end of the twentieth century and especially in connection with the competition for the United Nations. The continually growing and changing unstable socio-political structure of our world demonstrates the paradigm shift operating on several levels, from genetics to quantum physics. The change could be seen as a shift from seeing the world as individual objects to perceiving it in the relevance of their interaction. This corresponds with the position of Michel Foucault who says that every form mirrors the interplay of constraints. The Cloud itself can be seen as an idea without an adequate concept; rather it is a differentiated system instead of an object. Being the product of a complex fabric of influences with which it identifies itself, it eludes any identity. This way the Cloud as method threatens to undermine the architects' control, but opens up new scope of spatial possibilities. As the shape of a Cloud is susceptible to heat, wind and atmospheric pressure, the design of the Square of Nations is susceptible to the constraints of the site and the building program, including the force of the city. The space of the Cloud ignites at the intersecting parameters of town planning, height limitations and vectors of circulation. The result is a soft, fluctuating enigma – a building that no more wants to be a building. The wrapping of the Cloud becomes a transparent net structure, loosely defining a semi-public space. Through layers of light and color the permeability of this shell allows a view of the peoples' movement. The space is the crossing point of diplomats, students and tourists and also an access from Geneva to the international zone of the United Nations. In this zone private office buildings for consulates and missions protrude from elevator shafts cast in concrete. The space between shell and rigid structure is used for balconies and ramps, also allows passive energy gain and a cloud-like air circulation.«

In effect, the fundamental idea determining the development process of the BMW Welt and of the Musée des Confluences was already given. But not a single Cloud of this kind had been built. Such daring proposals were incalculable, much too elaborate structures, uneconomic, incompatible with the town, they were so unusual that there was not the whiff of a chance for realization. It meant that from the mid-1990s Coop Himmelb(l)au waited with growing impatience for an opportunity to put something like it into practice. They were fully prepared to do it – or as so often with a challenge – they simply had to do it. In vain they believed that *Cloud #9* would be the first test. Finally it was an engineering and design-orientated global player like the car manufacturer BMW who was destined to realize Coop Himmelb(l)au's first Cloud.

But besides client and architects it took open-minded structural engineers with innovative computer programs to act as midwives. Thanks to them out of the renaissance of Clouds emerged buildable and built Clouds. From now on Clouds and double cones appeared not only in many competition entries by Coop Himmelb(l)au, but also in the execution drawings of awarded projects. The planning of the Urban Entertainment Center in Guadalajara, Mexico, began in 1998, it is dominated by vast Cloud-like roofs, resting on double cones. Munich would have missed the show if the Musée des Confluences after six years of planning would have been built on time. The breathtaking cantilevers of Cloud architecture could have been realized long before. But this way BMW killed the bird and Coop Himmelb(l)au's first Cloud became reality.

We owe the constructive concept of the Cloud besides the architects above all the structural engineers Klaus Bollinger and Manfred Grohmann. They ensured that the vision of a pillar-less »cloud-cuckoo land« remained structurally manageable. The Munich Cloud is thoroughly designed and also answers most conventions of western architecture. The Cloud is not from outer space, meaning that this building clearly has a top and a bottom. The lower part is massive and heavy. Further up it is not getting light like a feather, but at least rather airy.

constitué par deux supports en acier liés entre eux qui flotte effectivement à 24 m au-dessus du sol. Sa couverture extérieure est côté ciel composée de panneaux photovoltaïques; elle produit en même temps sans qu'on puisse le remarquer comme une petite centrale électrique.

Le point stratégique de tout cet assemblage est l'énorme volume d'air entre le toit c'est-à-dire le Nuage et le sol du hall, il est si grand qu'il pourrait bien contenir deux fois le volume de la Neue Pinakothek de Munich. Cet espace est bordé d'une façade pliée étant à la fois pilier, barre et verre, le poids du Nuage c'est-à-dire la construction du toit reposant sur le double cône, les centres en béton ainsi que sur douze à hauteur de pièce des supports pendulaires en béton armé. Les architectes ont de toute évidence mis tout leur savoir pour cacher tout ce qui pourrait être porteur, ainsi cet immense espace semble être sans support, flottant comme par miracle. Coop Himmelb(l)au semble être extrêmement proche de son rêve des années 1960 et 1970 de réaliser une architecture aussi légère qu'un nuage.

La partie la plus impressionnante de cet ensemble crevassé est certainement l'intérieur du double cône avec sa rampe en spirale, la partie du Nuage qui est bel et bien aspirée, profondément encastrée vers l'intérieur. Le filet distendu, comme par un mouvement tournant, en panneaux d'acier avec des mailles de grandeurs différentes, parvient, là, effectivement à provoquer une dynamique, et à d'autres endroits du nouveau bâtiment a moins faire sentir cette puissance. Le visiteur est vraiment entraîné comme par un vent tourbillonnant à l'étage supérieur. En regardant de plus près, on ressent encore ce caractère insoumis à rebrousse-poil de Coop Himmelb(l)au. La même explication est valable pour le Nuage revêtu de tôle percée profondément enfoncé dans le centre, tel un cliché instantané montrant ce cyclone congelé.

Enfin le moment crucial, où on pénètre à l'intérieur, un lieu monumental du présent. En réalité ce n'est plus une pièce, plus un hall, mais plutôt un énorme ventre de baleine perforé de tout côté. On pense machinalement à Frank Gehry, lauréat du Pritzker Price américain, sa célébrité ne datant pas uniquement de l'époque du musée de Bilbao, cependant cet espace présent semble mettre littéralement le créateur de l'espace crevassé dans l'ombre.

Avec le BMW Welt un anathème prit fin, car le Nuage était tout à coup là. Et depuis lors n'a plus disparu. Même le musée Akron Art à Akron, Ohio (2002–2007) de Coop Himmelb(l)au, avec ce bâtiment historique déjà existant il s'agit plutôt d'un agrandissement, oui, d'un complément voué aux thèmes du Cristal et du Nuage, modifié en »urban space«. Même la proposition au concours pour le nouveau bâtiment National Art Museum of China à Péking (2010) l'eut comme leitmotiv dominant et ceci de façon claire comme jamais auparavant. Deux autres réalisations, le Dalian Conference Center dans la ville chinoise de Dalian et le Busan Cinema Center à Busan en Corée du Sud, incarnent l'élégance routinière avec laquelle Coop Himmelb(l)au domine entre-temps le thème du Nuage qu'il réalise dans le monde entier. Même les tours de la Banque centrale européenne à Francfort (2003–2014) seront probablement plus tard des paraphrases du Cristal et du Nuage entrant dans l'histoire de l'architecture.

»Le nuage est arrivé sur terre« ainsi fut intitulé l'année dernière un commentaire de presse. L'occasion fut l'inauguration de la Fondation Louis Vuitton de Frank Gehry, à Paris au Bois de Boulogne. Ce qui se cache là, derrière une grille acier et verre, une voilure en plein vent, n'est d'autre que de l'air. Les espaces d'exposition d'une superficie de 11 000 m² s'étendent autrement que supposé de façon tout à fait conventionnelle en salles fermées rectangulaires. Des jugements tels nuage en verre« ou »nef« manquent à tout fondement.

Celui qui veut vraiment voir et visiter une construction en Nuage doit se rendre à Lyon et se laisser imprégner tout entier par le Musée des Confluences. À dire vrai il n'est pas toujours aussi facile de caractériser le nouveau musée ou également l'espace d'exposition de véritable Nuage. La raison en est que chaque côté du bâtiment a un aspect différent. Une perspective claire de l'arrière du bâtiment ou même des côtés n'est pas spécifiée. De plus le bâtiment selon la position de l'observateur se bombe, s'échappe, se cabre, se casse abruptement et même certaines fois les contours de parties séparées se croisent. Ainsi l'œuvre donne moins l'impression d'être un nuage, mais plutôt un monstre flottant.

Cependant Coop Himmelb(l)au déjà depuis des années n'est plus adepte de l'excessif de transformer la monstruosité en images architecturales. Selon Norbert Bolz cette monstruosité ne doit plus se transformer en

6, 7. Coop Himmelb(l)au, BMW Welt, Munich, 2001–2007. (Photos Christian Richters.)

More precisely: The BMW Welt is structurally a model of two layers, composed of a »terrestrial« and a »celestial« zone. The terrestrial layer consists of reinforced concrete and contains three lower floors. The celestial layer comprises a lattice-truss system of 5000 tons of steel which evolves as form and structure from the spectacular double cone and which covers the lounge. The totally encased and Cloud-like wavy roof structure consists of two interconnected grids of girders, hovering up to 24 m above ground. Towards the sky the outer skin is covered with photovoltaic panels and acts as a small hidden power plant.

The huge airspace between Cloud and concourse, big enough to take twice the volume of the Neue Pinakothek, is the heart and core of the whole system. This space is enclosed by a glazed and buckled post-and-beam façade, while the heavy load of the Cloud – the roof structure – rests on the double cone, the concrete core and twelve full-height hinged reinforced concrete columns. It is apparent that the architects had the ambition to camouflage loads and supports, to have the vast space appear magically floating, without any props. That way Coop Himmelb(l)au came closer than ever before to their 1960s and 1970s dreams of an architecture as weightless as clouds.

Surely, the most impressive part of the jagged whole is the inside of the double cone with its spiraling ramp and the sucked-in, deeply protruding portion of the Cloud. The twisted net of heavy steel sections with ever changing mesh dimensions generates a dynamic that is nowhere else in the building so strongly felt. Like in a whirlwind the visitor is lifted into the upper floor. Looking more closely at the details we feel once again the old obstreperous spirit of Coop Himmelb(l)au. This applies equally to the drawn-in Cloud in the center, which is wrapped in punched sheet metal and looks like the snap picture of a frozen tornado.

Then the great moment: We enter one of the most monumental interiors of our days! Actually, it is not a space, not a hall, but a huge all-over perforated whale's belly. Greetings from Frank Gehry, the American Pritzker laureate, who, since his museum in Bilbao, is worldwide renowned and active – although this space sets out to outshine Gehry's ragged space creations.

The BMW Welt has broken the curse: Here it was, the Cloud! And since then it hasn't vanished. Even in Coop Himmelb(l)au's Akron Art Museum, Ohio (2002–2007), which actually was the extension and completion of a historical building, the themes of Crystal and Cloud were taken up and modified as the »urban space« of a museum. And the competition entry for the new building of the National Art Museum of China in Peking (2010) proposed the Cloud as dominating leitmotiv as clearly as never before. Above all two large built projects, the Dalian Conference Center in the Chinese town Dalian and the Busan Cinema Center in the South Korean town of Busan (2005–2012) embody the elegant routine with which Coop Himmelb(l)au masters and applies the Cloud theme around the world. Even the towers the European Central Bank in Frankfurt (2003–2014) will assume in the history of architecture the position of late paraphrases of Crystal and Cloud.

»The Cloud has landed« was the headline of a press commentary. The inauguration of Frank Gehry's Fondation Louis Vuitton in the Bois de Boulogne in Paris was the occasion. But what was hidden behind the bulging sails of the steel and glass tempest was hardly more than air. Because against our expectations the 11 000 sqm of exhibition area consists of a large number of conventional, rectangular, closed rooms. No basis for interpretation as »cloud of glass« or »cathedral nave of steel«.

Who really wants to see and enter a built Cloud must travel to Lyon and absorb the Musée des Confluences. Admittedly, it is not always easy to really verify the new museum – even only its exhibition part – as a true Cloud. After all, the building looks totally different from each side. There is neither a definite backside nor are there clear side elevations. In addition the building mass, depending on the position of the observer, projects or re-

images, puisque chaque image adoucit ce qu'elle représente, aussi terrible que ce soit. »La pensée« constate Bolz »ne veut rien savoir de la monstruosité; oui les expressions se forment et sont illico refoulées. C'est pourquoi aussi le réel se perd dans son effroi.« Ce qui n'exclut pas que le groupe autour de Prix ne soit préoccupé par le monstrueux, l'inquiétant; le sous-entendu rôde derrière chaque façade, dans chaque recoin de la ville. Cependant aujourd'hui il n'en résulte plus des architectures de choc, mais selon les paroles de Bolz uniquement »des faux-fuyants des monstres«. Et Coop Himmelb(l)au redonne dans ses faux-fuyants le chaos ambiant de proximité. Pas forcément le chaos dans le sens théorique donné par René Thom, mais plutôt le chaos dans le sens premier étymologique. Selon Gigon le dérivé du mot *cháos* signifie »fissure, cavité«, vient du verbe *cháo* qui dans le sens large du terme peut signifier ouvrir grand la bouche, être une plaie béante, jusqu'au bâillement d'une caverne.« Fissure et cavité, ouverture et dissimulation sont jusqu'à aujourd'hui des thèmes centraux du travail de Prix. Et l'image étymologique apparaît du point de vue de la réalisation des bâtiments de Coop Himmelb(l)au beaucoup plus tangible que l'image de la caverne de Rudolf Arnheim, Greg Lynn s'en rapproche pour réaliser ses pièces synthétiques (comme les »blobs«) dans lesquelles la base et l'horizon se rejoignent. Coop Himmelb(l)au n'est pas intéressé par l'architecture synthétique. Cependant l'architecture alternative de Coop Himmelb(l)au n'est plus depuis longtemps brûlante, sanguine, rageuse, tournante jusqu'à se rompre. Oui, qu'elle soit née d'interprétations freudiennes, qu'elle ait renvoyé dans sa bouteille l'esprit qu'elle-même avait appelé, qu'elle apparaît depuis quelque temps déjà sur la scène mondiale avec une aisance tout à fait professionnelle, n'empêchent pas les différences spontanées de symétrie et de l'inattendu dans sa construction expressive et scénique.

S'il y a des théories, dont la pensée et l'interaction s'approchent consciemment ou inconsciemment de celles de Coop Himmelb(l)au ce sont certainement celles de Gilles Deleuze avec en tête la théorie du »rhizome«. Avec la participation de Félix Guattari, Deleuze a selon les dires de Wolfgang Welsch clairement développé la pensée en différences à l'aide de la métaphore du »rhizome«, c'est-à-dire des racines des plantes. »Pas la classique racine qui en s'épanouissant entoure toutes les différences conformément à elle, pas le système moderne non plus des petites racines qui entretient les unités microscopiques, mais le rhizome, c'est-à-dire la racine et la tige, dont racine et pousse se confondent et qui se trouvent en perpétuel échange avec l'environnement«, est selon Welsch trop paradigmatique pour notre époque. »Le rhizome intègre d'autres chaînes d'évolution et noue des liens transversaux entre des lignes de développement divergentes. Il est ... nomadique; des différences non systématiques et inattendues sont créées; il sépare et s'ouvre; il s'éloigne et relie; il différencie et synthétise à la fois.«

Si les tautologies étaient calculables – le Cristal de Coop Himmelb(l)au à Lyon ne serait pas aussi clairement qualifié de »rhizome construit« au lieu de faire des analogies aux *Caraceri* de Piranesi? S'il y avait un bâtiment qui de fait sépare et ouvre, le quitte symboliquement et le relie, le différencie dans l'espace citadine et le synthétise, alors vraiment avec certitude ce sera le nouveau musée à Lyon. Il s'inspire plutôt du terme personnellement introduit par Coop Himmelb(l)au, »l'osmose« ou

»l'état d'équilibre«, et non à l'image des »racines« qui se trouve dans un perpétuel arrangement avec son environnement? Fort de ce savoir le Musée des Confluences n'est pas exactement un exemple idéal d'une construction qui reconnaît l'état d'équilibre de tous les axes (routiers, fluviaux, des visiteurs) et forces (vent, eau, bruit) jusqu'aux limites des possibilités architecturales?

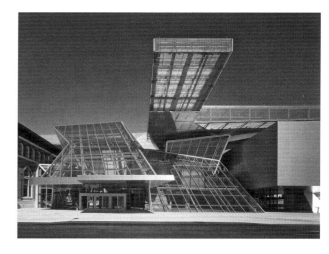

Outre la métaphore du rhizome d'autres motifs encore influencèrent d'une façon géniale l'œuvre de Coop Himmelb(l)au, elle en porte l'empreinte jusqu'à nos jours – motifs qui se retrouvent en partie presque mot à mot dans les textes explicatifs de Coop Himmelb(l)au de ses bâtiments, clairement visibles dans les bâtiments eux-mêmes. Ceci est uniquement possible puisque Gilles Deleuze a réuni de tels motifs dans un récitatif à la fois fulminant et philosophique sur le thème »Territoires et déterritorialisation« en atteignant des sous-thèmes d'un cosmos débordant, attribués à des »plateaux« désignés comme niveaux d'observation. La plus grande partie de ces plateaux font fonction d'éclaircissement théorique, parmi eux se trouvent des plateaux très concrets avec des références architecturales. Ainsi Deleuze évoque le milieu et le vivant, les lignes, les matériaux dans l'architecture, la ville, avant tout d'espace lisse et strié.

Selon Deleuze du chaos naissent »les Milieux et les Rythmes. ... Chaque milieu est vibratoire, c'est-à-dire un bloc d'espace-temps. ... Ainsi le vivant a un milieu extérieur qui renvoie aux matériaux; un milieu intérieur, aux éléments composants et substances composées; un milieu intermédiaire, aux membranes et limites; un milieu annexé, aux sources d'énergie, et aux perceptions-actions.« Dans la version matériaux architecturaux Deleuze dit: »Ce qui rend un matériau de plus en plus riche, c'est ce qui fait tenir ensemble des hétérogènes, sans qu'ils cessent d'être hétérogènes.« Si l'on considère ce que Coop Himmelb(l)au – avec le UFA-Kristallpalast à Dresde ou avec le Musée des Confluences – comprend conceptuellement par »le réfléchissement du vivant« avec les définitions de Deleuze au sujet du chaos créateur d'éléments vivants les concordances ne sont pas uniquement dues au hasard. En ce qui concerne la revendication de constructions »plus consistantes«, il suffit, sans pour cela que les parties dérivantes assemblées, arrêtent d'être hétérogènes, d'observer la récente, la plus récente des constructions de diagramme, pour constater le respect de cette revendication. Deleuze définit les villes comme »points-circuits de toute nature, qui font contrepoint sur les lignes horizontales« et qui »opèrent une intégration complète, mais locale de ville en ville«. Les images des villes de Coop Himmelb(l)au comme des points de culmination des systèmes complexes de la circulation sociale, comme des lignes en mouvement et des collisions d'espace contrôlées vont un long chemin au-delà.

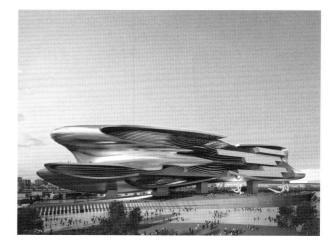

La suggestion la plus importante, saisie et développée indviduellement par Coop Himmelb(l)au, mais également par des architectes travaillant de façon similaire comme Gehry, Mayne, Moss ou Hadid provient du discours de Deleuze au sujet des espaces »lisses«, qu'il a mis en relation avec des pièces »striées«. »L'espace lisse ou nomade est entre deux espaces striés: celui de la forêt, avec ses verticales de pesanteur; celui de l'agriculture, avec son quadrillage et ses parallèles généralisés ... Mais ›entre‹ signifie aussi bien que l'espace lisse est contrôlé de ces deux côtés qui le limitent, qui s'opposent à son développement et lui assignent autant que possible un rôle de communication, ou au contraire qu'il

8. Coop Himmelb(l)au, Akron Art Museum, Akron, Ohio, 2002–2007. (Photo: Roland Halbe.)
9. Coop Himmelb(l)au, Busan Cinema Center, Busan, Corée du Sud, 2005–2012. (Photo: Duccio Malagamba.)
10. Coop Himmelb(l)au, National Art Museum of China, Peking, 2010.
11. Frank O. Gehry, Musée Guggenheim Bilbao, 1991 à 1997. (Photo: Ralph Richter.)
12. Frank O. Gehry, Fondation Louis Vuitton, Paris, 2006 à 2014. (Photo: Hans Dieter Schaal.)

8. Coop Himmelb(l)au, Akron Art Museum, Akron, Ohio, 2002–2007. (Photo: Roland Halbe.)
9. Coop Himmelb(l)au, Busan Cinema Center, Busan, South Korea, 2005–2012. (Photo: Duccio Malagamba.)
10. Coop Himmelb(l)au, National Art Museum of China, Peking, 2010.
11. Frank O. Gehry, Museum Guggenheim Bilbao, 1991 to 1997. (Photo: Ralph Richter.)
12. Frank O. Gehry, Fondation Louis Vuitton, Paris, 2006 to 2014. (Photo: Hans Dieter Schaal.)

cedes, rears up or collapses, the contours of individual portions overlapping. Thus the building sometimes rather looks like a floating monster than a cloud.

For some years now Coop Himmelb(l)au do no more pursue the excessive, they try to capture the monstrous in architectural images. According to Norbert Bolz this monstrous quality can no longer be captured in architectural images, as each image provides comfort about what it is presenting, however terrible it may be. »Thought«, says Bolz, »is no more interested in the monstrous; indeed images are constituted by suppressing it. For this reason they miss the reality in its horror.« This does not rule out that Prix and his team still concern themselves with the enormous, the sinister, which lurks subliminally behind every façade, every corner of the town. Today this does no more result in shocking architecture, but according to Bolz only in »comforting images of monsters«. And Coop Himmelb(l)au's comforting images reflect the chaos that surrounds them quite directly. But not so much the chaos in the sense of René Thom's theories, rather chaos in its original, etymological meaning. According to Gigon the word *chaos* derives from »›fissure of hollow‹ and belongs to the verb *cháo*, usually employed to denote an open mouth, a gaping wound, the yawning cave in a mountain«. Crevice and cave, exposing and concealing till today are central themes of Prix's work. Regarding the application of the etymological image for the buildings of Coop Himmelb(l)au it appears much more convincing than Rudolf Arnheim's notion of the cave, which Greg Lynn draws on to define his synthetic spaces (such as the »blobs«), in which ground and horizon are merging. Synthetic architecture is not Coop Himmelb(l)au's thing. Since a long time Coop Himmelb(l)au's architecture is no more burning, bleeding, tearing, turning, until it breaks. But having outgrown Freud's abstract concepts, having put the genie that they called back into the bottle, operating globally in a most professional fashion, does not preclude spontaneous, unexpected and unsystematic differences, which are displayed and acted out in a building.

If there is a theory that knowingly or unknowingly comes very close to the thinking and doing of Coop Himmelb(l)au, it certainly is the one by Gilles Deleuze, above all his rhizome theory. Following indications by Wolfgang Welsch regarding the thinking in differences, Deleuze together with Félix Guattari plausibly developed the notion of vegetable roots along the metaphor of the »rhizome«. According to Welsch »not the classic rooted tree that hierarchically encompasses all differences during its unfolding, and not the modern system of small rootlets which support many micro units, but the rhizome, the combination of root and stem, where root and stalk cannot be distinguished, and that are in constant interaction with their environment«, is paradigmatic for today. »The rhizome enters foreign chains of evolution and ties transversal connections between diverging lines of development. It is … nomadic and creates non-systemic and unexpected differences; it splits and opens; it quits and connects; it differentiates and equally synthesizes.«

Taking tautologies into account, couldn't we call Coop Himmelb(l)au's Crystal in Lyon more plausibly a »built rhizome« instead of bothering with analogies to Piranesi's *Carceri*? If there is a building that in effect splits and opens, that symbolically abandons and connects, which differentiates and synthesizes urban space, it certainly is the new museum in Lyon. Doesn't the terms »osmosis« or »balanced flow«, introduced by Coop Himmelb(l)au, directly relate to the image of a »root mat«, constantly adjusting to its environment? Isn't the Musée des Confluences the paradigm of a building that fathoms the balance of flows of all surrounding currents (traffic, rivers, visitors) as well as forces (wind, water, noise) to the limit of architectural presentability?

It seems beyond the metaphor rhizome there are further motifs that congenially influenced the work of Coop Himmelb(l)au and determine it until today, motifs found nearly verbatim in the short texts to Coop's buildings, much more being reflected in the buildings themselves. This is only possible because Gilles Deleuze collated such motifs in a brilliant philosophical *Sprechgesang* under the theme »territories and deterritorization« and allotted the huge cosmos of sub-themes to specific »plateaus« as levels of observation. Most of these plateaus are of purely epistemological nature, but among them are time and again some with architectural connotation. Deleuze talks of milieu and agility, of lines and materials in architecture, of the city, but above all of smooth and notched space.

According to Deleuze from the chaos »*Milieus* and *Rhythms* are born ... Every milieu is vibratory, in other words, a block of space-time constituted by the periodic repetition of the component. Thus the living thing has an exterior milieu of materials, an interior milieu of composing elements and composed substances, an intermediary milieu of membranes and limits, and an annexed milieu of energy sources and actions-perceptions.« Concerning architectural materials continues Deleuze: »It is no longer a question of imposing a form upon a matter but of elaborating an increasingly rich and consistent material, the better to tap increasingly intense forces. What makes a material increasingly rich is the same as what holds heterogeneities together without their ceasing to be heterogeneous.« Looking at »reflecting vitality« as understood by Coop Himmelb(l)au at the UFA-Kristallpalast in Dresden or the Musée des Confluences, we find more than accidental concordances with Deleuze's definition of the animated being born out of chaos. Regarding the demand for »more consistent« constructions that hold together what is drifting apart while keeping the elements heterogeneous, we only have to look at recent and most recent structural diagrams to ascertain the fulfillment of this requirement. When Deleuze finally defines cities as »circuit-points of every kind, which enter into counter-point along horizontal lines« and »effect a complete but local ›town by town‹ integration«, then Himmelb(l)au's images of cities as culmination points of complex social circulation systems, as activated lines of movement and controlled spatial collisions, even go a long way beyond this.

The most important suggestion seized and individually developed, not only by Coop Himmelb(l)au but also by likewise working architects such as Gehry, Mayne, Moss or Hadid, stems from Deleuze's discussion about »smooth« spaces which he relates to »striated« spaces. Deleuze states: »Smooth or nomadic space lies between two striated spaces: that of the forest, with its gravitational verticals, and that of agriculture, with its grids and generalized parallels. ... But being ›between‹ also means that smooth space is controlled by these two flanks, which limit it, oppose its development, and assign it as much as possible a communicational role; or, on the contrary, it means that it turns against them, gnawing away at the forest on one side, on the other

se retourne contre eux, rongeant la forêt d'un côté, gagnant d'autre part les terres cultivées, affirmant une force non communicante ou d'écart ...«

Revenons au point de départ de notre tour d'horizon: à la question du fil conducteur des théories architecturales de Coop Himmelb(l)au. Avec certitude le pli et la pliure qui jouent un rôle secondaire dans leur œuvre en font peu partie. Par contre »l'espace lisse« cité ci-dessus est un théorème architectural pour eux. En même temps nous ne devrions pas être influencé par la qualification de Deleuze, le »lisse« est plutôt vu dans le sens donné en anglais de »fluid« comme mobile, changeant, non géométrique et fluide. En contrepartie »strié« signifie: ordonné, géométrique, lourd, inflexible, en superposition. Ainsi l'espace »lisse«, non géométrique et nomade, d'après Deleuze, se trouve quelque part dans les espaces en superposition d'espaces »striés«, qui selon le besoin sont unifiés, mais également franchement coupés entre eux. Ils offrent refuge aux nomades des villes et aux habitants des cavernes quelque fois de passage mais aussi pour plus longtemps. Toute l'œuvre de Coop Himmelb(l)au n'allait-elle pas déjà à ses débuts dans cette direction, la direction du »lisse«, c'est-à-dire du non géométrique afin de créer avec ses espaces de la place et de l'air? En particulier dans ces villes pétrifiées de sociétés rigides. Au départ, d'une agressivité sans bornes, ce processus de création d'espaces chez Prix et son groupe a pris des formes plus professionnelles, plus souples, mais en rien plus anodins. L'»espace lisse« est un synonyme idéal d'»architecture ouverte« à laquelle Prix se voue avec véhémence, qu'il a introduit dans son œuvre de façon minutieuse ! Une architecture, qui cherche et qui découvre de nouvelles formes de l'espace public, de nouvelles formes de la vie en commun en considérant l'état présent de l'»havarie urbaine«. La progression nécessaire, sans considérer les règles fixées de l'œuvre en général, est sa propre théorie architecturale!

La question qui se pose, devons-nous aimer l'œuvre de Coop Himmelb(l)au? De toute façon personne ne doit aimer telle ou telle architecture, ce n'est pas la question! Nous pourrions même rejeter celle de Lyon pour son apparence criarde et égocentrique. D'autre part en comparaison avec le Kunsthaus à Bregenz de Peter Zumthor cela serait injuste et non productif. L'»architecture à degré zéro« de Kenneth Frampton n'est pas non plus l'affaire de Coop Himmelb(l)au, ne le sera jamais. Comment serait le monde si nous étions uniquement entouré par cette architecture-zéro? Une contre-question, en prenant le scénario de l'horreur, c'est-à-dire des bâtiments obliques d'origine déconstructive. Niklas Maak pose la question: »Mais ne serait pas une enlèvement à succès aux tropiques mieux pour la paix sociale que le compulsion de l'ascétisme?« Avec certitude et quand même nous ne devons pas aimer le travail de Coop Himmelb(l)au. Nous devrions plutôt reconnaître la valeur sociale (pas uniquement formellement) de l'offre au sein de »l'architecture ouverte«. Nous devrions apprécier l'énergie qui fut nécessaire et est encore nécessaire pour se battre aussi longtemps et avec force contre le courant du temps présent afin de laisser une voie libre dans l'avenir aux alternatives surprenantes. Puisque tous parlent de la disparition lente de l'architecture, l'architecture de Coop Himmelb(l)au par contre n'est pas encore arrivée à ses fins. L'architecture a à elle-seule déjà une chance de survie car selon Jean Baudrillard aucun bâtiment, aucun objectif architectural universels n'a été in-

venté pour remplacer ceux existants comme un espace pour des espaces existants, encore moins une ville pour des villes existantes, une idée pour des idées existantes.

Coop Himmelb(l)au pourrait être un bureau d'architecture professionnel comme les autres, s'il n'y avait pas encore ce penchant de se libérer de l'existant. Chaleur à la place de froidure, fragmentation à la place d'uniformisation, ouverture à la place d'enfermement, hasard à la place d'ordre, création réfléchie à la place de graphiques aux calculs paramétriques, mouvement à la place de tranquillité, personnalité à la place d'adaptation, ce ne sont pas des formules pathétiques d'hier mais des oppositions d'aujourd'hui qui sont créées, exagérées dans leur esthétique, mais également toujours en développement. Coop Himmelb(l)au a une intention en construisant des bâtiments plus »posés« des associations plus en osmose entre ville et objectif. Des panoramas impressionnants et sans contraintes, des images d'implications sociétaires prometteuses, des éléments puissants dans l'espace sont présentement des objectifs de Coop Himmelb(l)au. Bien que ce soit devenu beaucoup plus difficile de thématiser par du concret la froidure et la chaleur. »Le support social est aussi malléable que de la cire par rapport aux images mises en scène«, dit Thomas Meyer. En opposition à ce phénomène Coop Himmelb(l)au a créé ses »espaces lisses«, bien que Deleuze ait fait opposition: »Et, certes, les espaces lisses ne sont pas par eux-mêmes libératoires. Mais c'est en eux que la lutte change, se déplace, et que la vie reconstitue ses enjeux, affronte de nouveaux obstacles, invente de nouvelles allures, modifie les adversaires. Ne jamais croire qu'un espace lisse suffit à nous sauver.«

Chaque théorie qu'elle soit claire ou compréhensible ne pourra remplacer cette impression physique, dans laquelle sera plongée l'observateur comme le visiteur lors de l'immersion personnelle dans ces lieux impressionnants des différents niveaux du Musée des Confluences. Le Musée des Confluences à Lyon n'est pas une copie conforme du Musée Guggenheim à Bilbao. Pendant que ce dernier tente de se mettre en scène artistiquement, en concurrence avec ses collections, le Musée de Lyon réussit lui visuellement parlant à faire ouvrir la boîte de Pandore en présentant les objets sans obstacle, la mise en valeur de l'objet seul, tel un »shelter« en même temps.

Quelque fois de bon matin, quand un léger brouillard enveloppe les berges du Rhône ou vers le soir, ou quand un doux voile au crépuscule couvrant le lit du fleuve, là en un clin d'œil le Musée des Confluences entre en osmose avec son environnement. Là c'est comme si le bâtiment sortait de l'eau, là le corps légèrement argenté se transforme en nuage, en une chose légère qui voltige. De vivre cette métamorphose est impressionnante.

Ceux qui jour après jour prennent l'autoroute à toute vitesse et que le monstre visible un quart de seconde font sursauter, ne veulent rien en savoir. Ils se dépêchent seulement, pendant que, peut-être, de l'autoradio une strophe de la chanson *Gimme Shelter* des Rolling Stones de l'album *Let it bleed* de 1969 résonne:

Oh, a storm is threat'ning
My very life today
If I don't get some shelter
Oh yeah, I'm gonna fade away

Bibliographie

Archives de Coop Himmelb(l)au, Vienne.

Baudrillard, Jean, *Architektur: Wahrheit oder Radikalität?*, Droschl, Graz, 1999.

Bolz, Norbert, *Die Welt als Chaos und Simulation*, Fink, Munich, 1992.

Coop Himmelb/l)au, BMW Welt, München, essai de Frank R. Werner, photographies de Christian Richters, Edition Axel Menges, Stuttgart, 2009 (Opus 66).

Deleuze, Gilles, et Félix Guattari, *Capitalisme et schizophrénie: Mille plateaux,* Les Éditions De Minuit, Paris, 1980.

Hatje, Gerd (ed.), *Coop Himmelblau, Architektur ist Jetzt, Projekte, (Un)bauten, Aktionen, Statements, Zeichnungen, Texte, 1966 bis 1983*, introduction par Frank Werner, Hatje, Stuttgart, 1983.

Kandeler-Fritsch, Martina, et Thomas Kramer (eds.), *Get Off my Cloud, Wolf D. Prix, Coop Himmelb(l)au, Texte 1968–2005*, Hatje Cantz, Ostfildern-Ruit, 2005.

Lafitte, Priscille, »Ouverture du Musée des Confluences à Lyon: ›un lieu sans pareil‹«, RFI (Radio France Internationale), 12. 12. 2014.

Maak, Niklas, »Bizarre Gehäuse, Aufruhr gegen das Mittelmaß«, in: Theo Sommer (ed.), *ZEITpunkte*, no. 6/99, Hamburg, 1999.

Scheerbart, Paul, *Architecture du verre*, Circé, Strasbourg, 2013.

Welsch, Wolfgang, *Unsere postmoderne Moderne*, VCH, Weinheim, 1987.

Werner, Frank, *Covering + Exposing, The Architecture of Coop Himmelb(l)au*, Birkhäuser, Bâle, Berlin et Boston, 2000.

Bibliography

Archives of Coop Himmelb(l)au, Vienna.

Baudrillard, Jean, *Architektur: Wahrheit oder Radikalität?*, Droschl, Graz, 1999.

Bolz, Norbert, *Die Welt als Chaos und Simulation*, Fink, Munich, 1992.

Coop Himmelb/l)au, BMW Welt, München, essay by Frank R. Werner, photographs by Christian Richters, Edition Axel Menges, Stuttgart, 2009 (Opus 66).

Deleuze, Gilles, and Félix Guattari, *A Thousand Plateaus: Capitalism and Schizophrenia*, University of Minnesota Press, Minneapolis, 1987.

Hatje, Gerd (ed.), *Coop Himmelblau, Architektur ist Jetzt, Projekte, (Un)bauten, Aktionen, Statements, Zeichnungen, Texte, 1966 bis 1983*, introduction by Frank Werner, Hatje, Stuttgart, 1983.

Kandeler-Fritsch, Martina, and Thomas Kramer (eds.), *Get Off my Cloud, Wolf D. Prix, Coop Himmelb(l)au, Texte 1968–2005*, Hatje Cantz, Ostfildern-Ruit, 2005.

Lafitte, Priscille, »Ouverture du Musée des Confluences à Lyon: ›un lieu sans pareil‹«, RFI (Radio France Internationale), 12.12.2014.

Maak, Niklas, »Bizarre Gehäuse, Aufruhr gegen das Mittelmaß«, in: Theo Sommer (ed.), *ZEITpunkte*, no. 6/99, Hamburg, 1999.

Scheerbart, Paul, *Glasarchitektur*, Der Sturm, Berlin, 1914.

Welsch, Wolfgang, *Unsere postmoderne Moderne*, VCH, Weinheim, 1987.

Werner, Frank, *Covering + Exposing, The Architecture of Coop Himmelb(l)au*, Birkhäuser, Basel, Berlin, and Boston, 2000.

side gaining ground on the cultivated lands, affirming a noncommunicating force or a force of *divergence* like a ›wedge‹ digging in. ... One of the fundamental tasks of the State is to striate the space over which it reigns, or to utilize smooth spaces as a means of communication in the service of striated space. ... Moreover, there are still other kinds of space that should be taken into account, for example, holey space and the way it communicates with the smooth and the striated in different ways. What interests us ... are precisely the passages and combinations: how the forces at work within space continually striate it, and how in the course of its striation it develops other forces and emits new smooth spaces ... Even the most striated city gives rise to smooth spaces: to live in the city as a nomad, or as a cave dweller. Movements, speed and slowness, are sometimes enough to reconstruct a smooth space.«

Let us return to the beginning of our *tour d'horizon*, the question of the leitmotivs of Coop Himmelb(l)au's architectural theories. For sure, fold and folding, which play a lesser role in their work, are of minor importance. But »smooth space« is probably an essential part of their architectural theory. We should not be bothered by Deleuze's term »smooth«, it rather precisely means what in English is called »fluid«, or moving, changing, nongeometric, flowing. In return »striated« means orderly, geometric, heavy, inflexible, over-shaped. Thus interpreted, Deleuze's »smooth«, un-geometric nomadic space lies somewhere between the over-worked »striated« spaces, which he may unite or separate according to need. It offers refuge to urban nomads or cave dwellers, sometimes temporarily, sometimes in permanence. Did not the whole œuvre of Coop Himmelb(l)au endeavor from the very first design to provide room and air for non-geometric, mutable, »smooth« spaces? Above all in the socially hardened, fossilized cities? Initially pursued most aggressively, Prix and his team now conduct the process of procuring space much more professionally, relaxed, but no iota more harmless. Par excellence »smooth space« is synonymous for »open architecture«, to which Prix commits himself with skin and hair and which he has meticulously inscribed in his work! After the »urban disaster« it is an architecture that seeks and finds new forms for public space, new ways of living together collectively. His very own theory of architecture is made up of steps leading there and not by working according to formulated rules.

We don't have to like Coop Himmelb(l)au's architecture. In fact nobody in our world has to like this or that architecture. One could downright reject the Lyon project presented here for its shrill and egocentric appearance. On the other hand it would not lead anywhere to play off Peter Zumthor's Kunsthaus in Bregenz against Himmelb(l)au's Musée des Confluences. Kenneth Frampton's »zero-degree architecture« is not really Himmelb(l)au's thing, it never was. And what would the world look like if we were surrounded nationwide only by zero-architecture? A question that would *vice versa* also apply to the horrible scenario with exclusively slanting buildings of deconstructive origin. Niklas Maak asks: »But would not a successful abduction to the tropics be better for social peace than the impostion of asceticism?« Sure enough, and yet we need not like Coop Himmelb(l)au's work. However, we should at least acknowledge what great measure of social (and not only formal) quality »open architecture« is offering. At least we have to acknowledge the effort and persistence that

was so long and still is required to swim against the current of the times, to secure a future for architecture by discovering surprising alternatives. If all the world is talking of the gradual disappearance of architecture, the architecture of Coop Himmelb(l)au is not at all finished. Jean Baudrillard tells us that architecture has a future for the mere fact that nobody has invented an architectural object, a building, which would mean the end of all the others, an end of space – and just as little the end of a city, or of all cities, nor of a thought, meaning the end of all thoughts.

Maybe Coop Himmelb(l)au could be today a professional architectural office like any other, would there not be that unbroken urge for freedom. Heat instead of cold, fragmentation instead of uniformity, opening instead of enclosing, chance instead of order, brainchild instead of autopoiesis of parametric graphics, irritation instead of snugness, expressivity instead of submission; those are not pathetic dialectic formulas of yesterday, but opposites, till today sought out, esthetically reinforced and further developed. Not without reason does Coop Himmelb(l)au meanwhile expose its buildings to the »calm« osmotic interplay between town and object. Powerful, unconstrained panoramas, images of promising social implications, bold bodies in space, recently dominate the work, even though it has become a great deal more difficult to make heat and cold into pictorial images. Thomas Meyer says: »Today, the social medium receiving staged pictures is soft as wax.« Against this waxy softness Coop Himmelb(l)au has put the theorem of its »smooth spaces«, even if Deleuze warned that »smooth spaces are not themselves liberatory. But the struggle is changed or displaced in them, and life reconstitutes its stakes, confronts new obstacles, invents new paces, switches adversaries. Never believe that a smooth space will suffice to save us.«

No catchy nor coherent theory can replace the physical impression of the contemplator or user, who personally enters the museum of Lyon and exposes himself to its many-layered fields of forces. The Musée des Confluences is not a replica of the Museum Guggenheim in Bilbao. While the latter tries to be more artistic than the works of art it houses, the Musée des Confluences accomplished the feat to focus the undisturbed view on the exhibits in its belly while at the same time regarding the matter of »shelter« as opening the proverbial box of Pandora.

Sometimes, very early in the morning, when some fog covers the banks of the Rhône, or towards the evening, when the soft veils of dusk descend over the river bed, the Musée des Confluences dissolves in its surrounding for the blink of an eye. The building seems to rise out of the water and its bright silvery body turns into a cloud, a floating nothingness. It is touching to experience this metamorphosis.

But those who race by every day on the autoroute, at best getting from the corner of their eyes a momentary scare from the monster at the wayside, will never experience such bliss. They will career along, while perhaps a stanza of *Gimme Shelter* out of the Rolling Stones' 1969 album *Let It Bleed* blares out:

Oh, a storm is threat'ning
My very life today
If I don't get some shelter
Oh yeah, I'm gonna fade away

1. Vue aérienne de l'est. (Photo: Hubert Canet, Balloïde
Photo.)
2. Plan du site.

1. Aerial view from the east. (Photo: Hubert Canet, Balloïde Photo.)
2. Site plan.

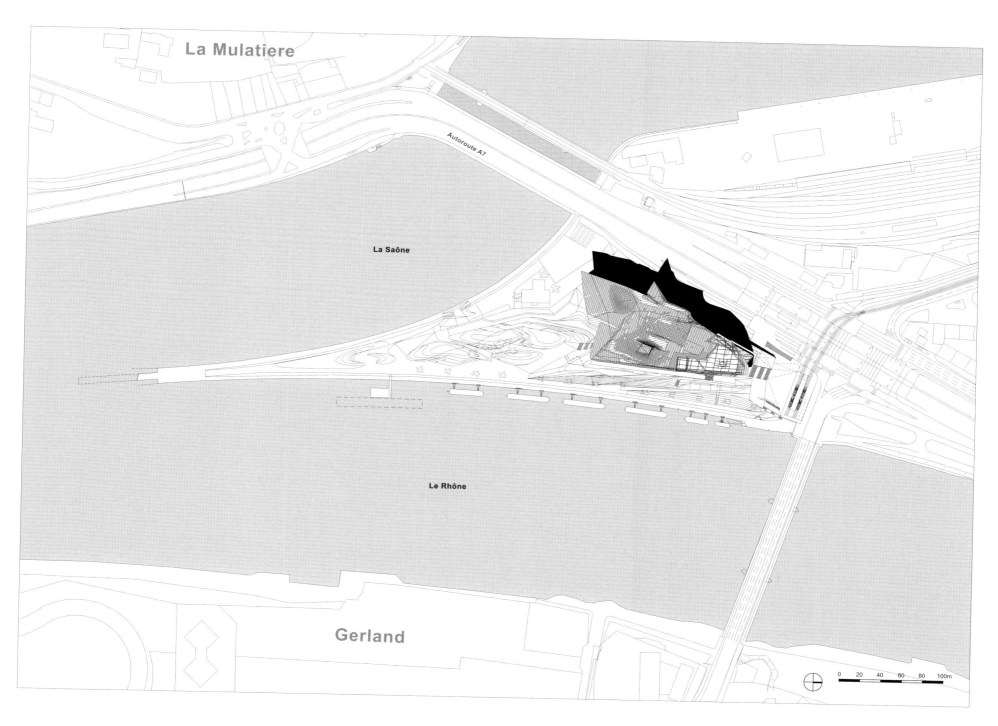

La Mulatiere

Autoroute A7

La Saône

Le Rhône

Gerland

0   20   40   60   80   100m

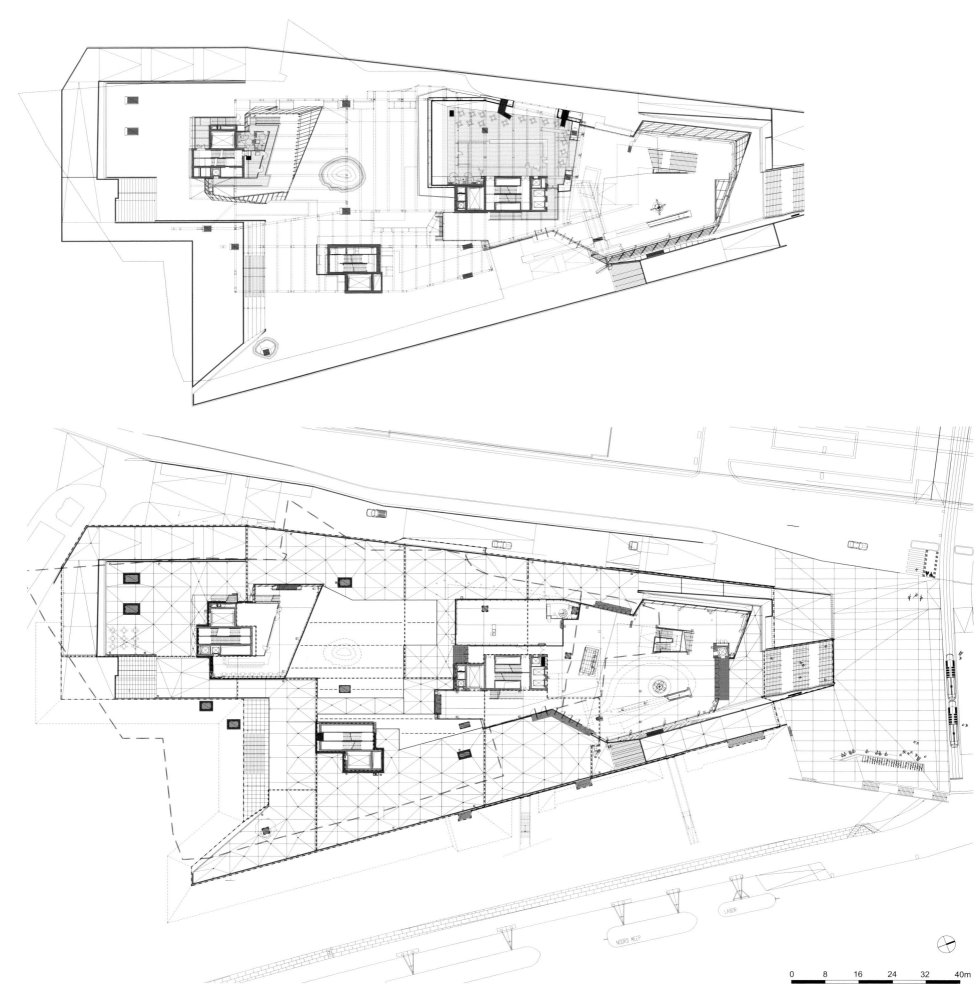

NOORD MEER

LABOR

0　8　16　24　32　40m

24

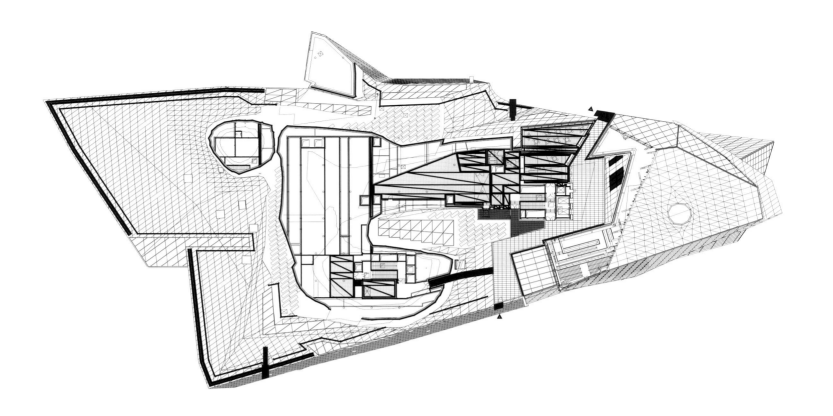

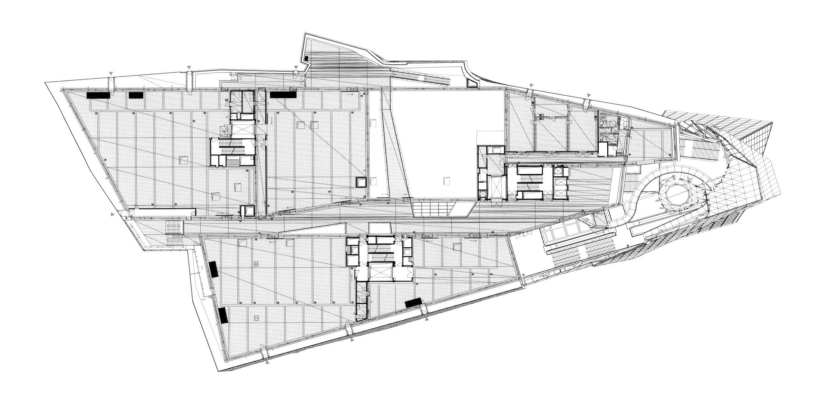

3–6. Plans des étages (niveaux 0,00 m, 3,91 m, 15,64 m, 26,52 m).

3–6. Floor plans (levels 0,00 m, 3,91 m, 15,64 m, 26,52 m).

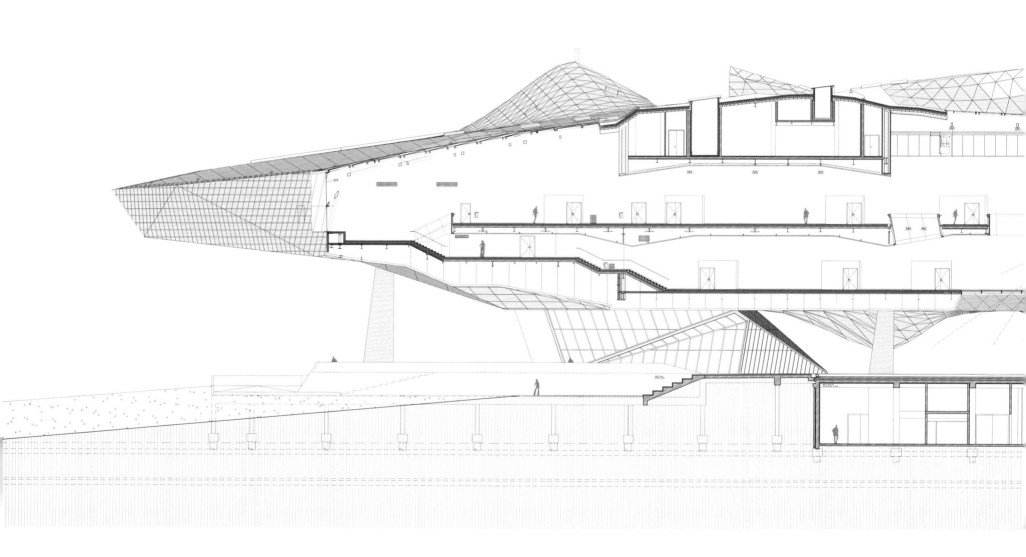

Cloud

Roof top: café (publicly accessible)
Level 3: administration
Level 2: permanent collections, ateliers
Level 1: temporary exhibition

7. Coupe longitudinale.

7. Longitudinal section.

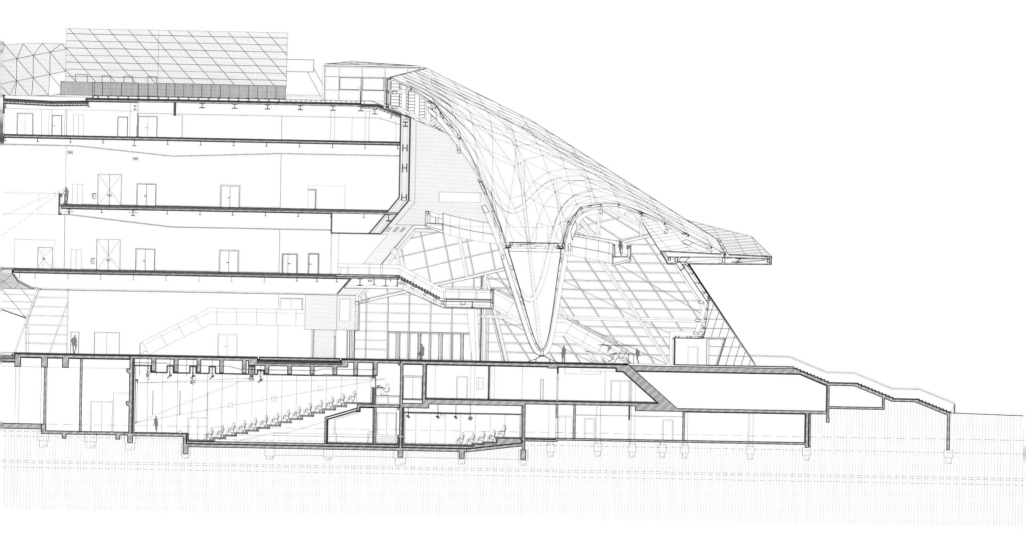

Plinth

Two auditoriums with 327 and 122 seats
Working rooms for classes
Conference and meeting rooms
Storage, workshops, HVACR, logistics
Group entrance
Brasserie on top (publicly accessible)

Crystal

Main entrance, foyer, shop

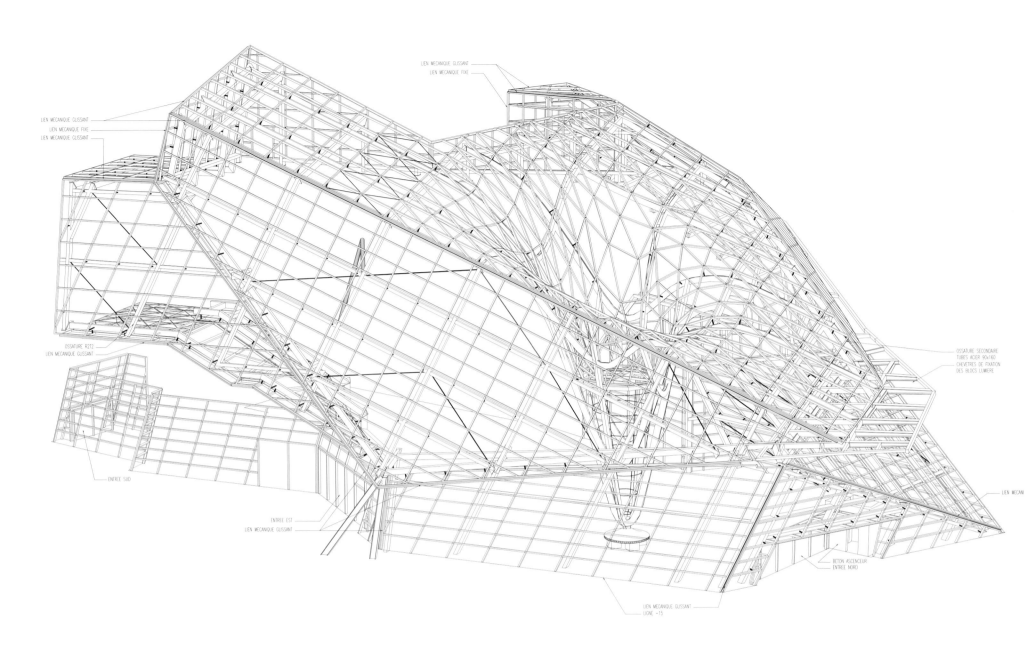

LIEN MECANIQUE GLISSANT
LIEN MECANIQUE FIXE

LIEN MECANIQUE GLISSANT
LIEN MECANIQUE FIXE
LIEN MECANIQUE GLISSANT

OSSATURE R272
LIEN MECANIQUE GLISSANT

ENTREE SUD

ENTREE EST
LIEN MECANIQUE GLISSANT

OSSATURE SECONDAIRE
TUBES ACIER 90×160
CHEVETRES DE FIXATION
DES BLOCS LUMIERE

LIEN MECANI

BETON ASCENCEUR
ENTREE NORD

LIEN MECANIQUE GLISSANT
LIGNE −15

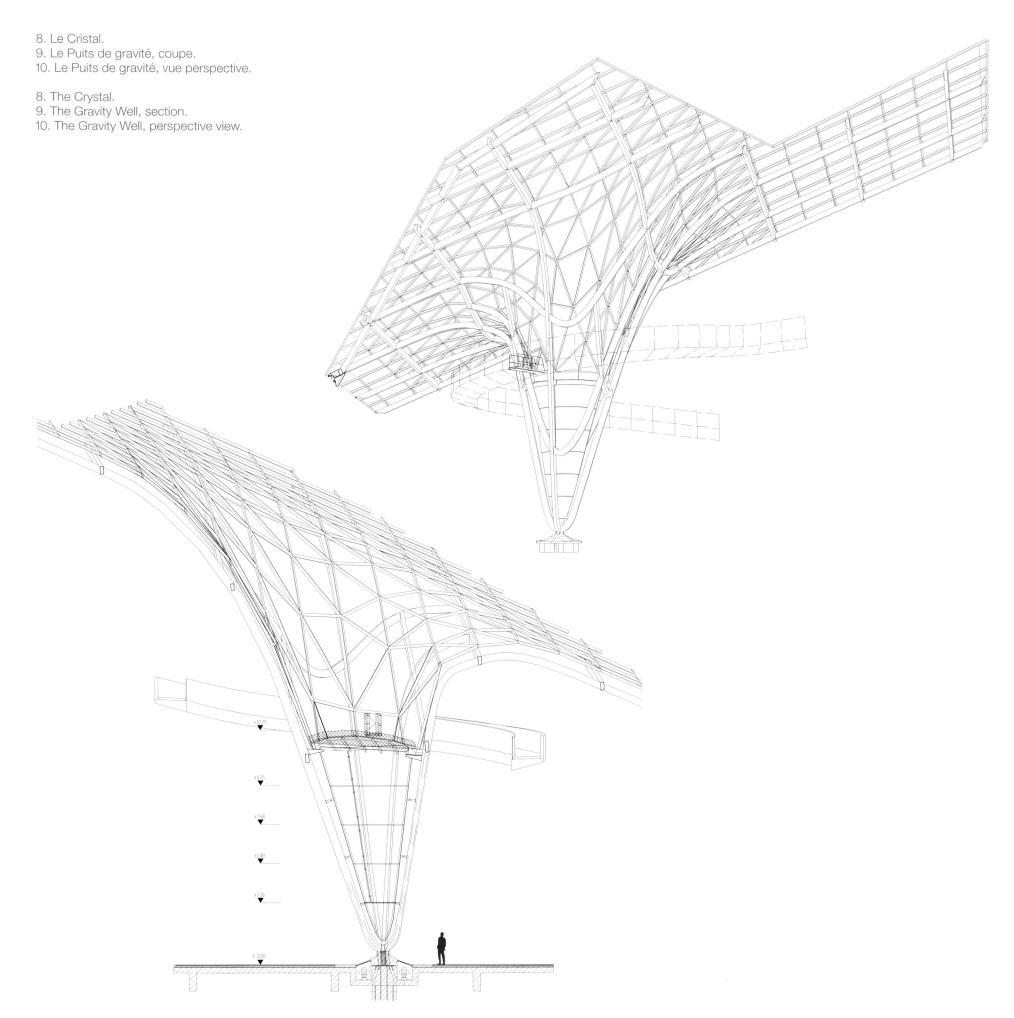

8. Le Cristal.
9. Le Puits de gravité, coupe.
10. Le Puits de gravité, vue perspective.

8. The Crystal.
9. The Gravity Well, section.
10. The Gravity Well, perspective view.

1. Vue du sud. Le bâtiment sert de phare distinctif pour les visiteurs de la ville arrivant par le sud.

2. Vue du sud-est: Le parc du musée fonctionne comme un lien entre le toit de la plinthe et le sol naturel. Il intègre le musée dans l'ensemble du site et sert de zone de transition entre le tissu urbain et la nature de la »Pointe du confluent«.

3. Vue du nord-est. Sur le devant le pont Pasteur. Le musée représente un point focal culturel et psychique de la région et un aimant pour le développement futur.

1. View from the south. The building serves as a distinctive beacon for the visitors of the town approaching from the south.

2. View from the south-east: The park of the museum functions as a link between the roof of the plinth and the natural ground. It integrates the museum into the whole site and serves as a transition zone from the urban fabric to the nature of the »Pointe du confluent«.

3. View from the north-east. In the foreground the Pont Pasteur. The museum represents a cultural and psychic focal point of the region and a magnet for future development.

4. Vue de l'est. Le musée ne bloque pas l'accès à la nature, plutôt il représente la transition d'une structure bâtie dans la nature.
5. Vue du musée du pont Raymond Barre.
6. Le Cristal est un foyer urbain transparent, face à la ville.

4. View of the museum from the east. The museum doesn't block access to nature, instead it represents the transfer of a built structure into nature.
5. View of the museum from the pont Raymond-Barre.
6. The Crystal is a transparent urban foyer, which faces the city.

7, 8. La partie principale du musée avec les halls d'exposition est en forme de nuage, flottant au-dessus du niveau de référence. La structure est flanquée sur le côté ouest par l'autoroute A7.
9. Vue du musée du sud, de la »Pointe du confluent«.

7, 8. The museum's main part with the exhibition halls is shaped like a cloud that floats above the reference level. The building is flanked on the west side by the autoroute A7.
9. View of the museum from the south, from the »Pointe du confluent«.

10. Le Cristal repose sur une plinthe, une solide structure en béton.
11. La plinthe functionne comme soutien de la structure et contient toutes les installations techniques du musée.
12. Vue du nord. Entrée principale et entrée supplémentaire pour les groupes au niveau du sol.

10. The Crystal rests on a plinth, a solid concrete structure.
11. The plinth functions as the building support and contains all of the museum's technical facilities.
12. View from the north. Main entrance and additional entrance for groups on the ground level.

15. Vue détaillée du côté ouest du bâtiment.
16. Le côté nord du bâtiment avec l'entrée principale.

15. Detailed view of the west side of the building.
16. The north side of the building with the main entrance.

17, 18. Vue détaillée de l'est du bâtiment avec l'accès séparé à l'auditorium.

17, 18. Detailed views of the east of the building with the separate access to the auditorium.

19. Les ouvertures des ventilations au sommet du Cristal.
20. Vue en direction de la »Pointe du confluent«.
21. Le scape du toit vers le sud.

19. The ventilation openings of the top of the Crystal.
20. View towards the »Pointe du confluent«.
21. The roofscape looking south.

22, 23. Vue de la piazza avec le bassin réfléchissant sous le Nuage.

22, 23. View of the piazza with reflecting pool below the Cloud.

24, 25 Le bassin réfléchissant sur la piazza souligne le dessous sculpturale du corps incurvé du musée. En outre, l'atmosphère est renforcée par des effets d'éclairage spéciaux.

24, 25. The reflecting pool on the piazza is emphasizing the sculptural underside of the curved museum body. In addition, the atmosphere is enhanced by special lighting effects.

26, 27. Intérieur vue du Cristal. Le Cristal est un espace transitoire, perméable pour lumière et des forces dynamiques.

26, 27. Interior view of the Crystal. The Crystal is a transitional area, permeable for light and dynamic forces.

28, 29. Le Puis de gravité dans le Cristal sert de support structural, et, à la fois, il est une sculpture lumineuse.

28, 29. The Gravity Well in the Crystal serves as a structural support and is at the same time a luminous sculpture.

30, 31. Le Cristal comme un espace urbain, un distributeur autant qu'un point de rencontre.

30, 31. The Crystal as an urban space, a distributor as
much as a meeting point.

32, 33. Comme une promenade en spirale, la rampe autour du Puits de gravité dirige le flux de visiteurs par le Cristal.

32, 33. As a spiral promenade, the ramp around the Gravity Well directs the visitor streams through the Crystal.

34, 35. Un chemin de liaison relie tous les espaces du musée.

34, 35. A connecting path is linking all the museum's spaces.

36, 37. Le Nuage contient des »boîtes noires« sur deux niveaux pour des expositions permanentes et temporaires.

36, 37. The Cloud houses black boxes on two levels for permanent and temporary exhibitions.

38, 39. Le musée contient plus de 2 200 000 objets rangés par époque du 17ème siècle au 21ème siècle.

38, 39. The museum contains more than 2 200 000 objects ranging in date from the 17th to the 21st century.

**Musée des Confluences
86 Quai Perrache
F 69002 Lyon**

Période des études et des travaux / Planning and construction period
2001–2014

Maître d'ouvrage / Client
Conseil Géneral du Rhône

Maître d'ouvrage délégué / Deputy of the client
SERL, Société d'Equipement du Rhône et de Lyon, Lyon

Architectes / Architects
Coop Himmelb(l)au Wolf D. Prix & Partner ZT GmbH, Vienna
Directeur du projet / Design principal: Wolf D. Prix
Partenaire pour le projet / Project partner: Markus Prossnigg
Architectes du projet / Project architects: Mona Bayr, Angus Schoenberger
Conception architecturale / Architectural design: Tom Wiscombe
Coordination du projet / Project coordination: Thomas Margaretha, Peter Grell
Équipe du projet à Vienne / Project team in Vienna: Christopher Beccone, Guy Bébié, Lorenz Bürgi, Wolfgang Fiel, Kai Hellat, Robert Haranza, Alex Jackson, Georg Kolmayr, Daniel Kerbler, Lucas Kulnig, Andreas Mieling, Marianna Milioni, Daniel Moral, Jutta Schädler, Andrea Schöning, Mario Schwary, Markus Schwarz, Oliver Tessmann, Dionicio Valdez, Philipp Vogt, Markus Wings, Christoph Ziegler
Équipe du projet à Lyon / Project team in Lyon: Patrick Lhomme, François Texier, Philippe Folliasson, Etienne Champenois, Alexandru Gheorghe, Niels Hiller, Emanuele Iacono, Pierre-Yves Six

Architectes locaux / Local architects
Conception / Planning: Patriarche & Co, Chambéry and Lyon
Réalisation / Execution: Tabula Rasa, Grégory Perrin, Lyon
Management du projet / Project management: Chabanne & Partenaires, Lyon
Surveillance des travaux / Construction survey: Debray Ingénierie, Caluire-et-Cuire

Économiste / Control of building costs
Mazet & Associés, Paris, France; CUBIC, Lyon

Ingénieurs structure / Structural engineering
Conception / Planning: B+G Ingenieure, Bollinger und Grohmann GmbH, Frankfurt am Main
Réalisation / Execution: Coyne et Bellier, Lyon

Conception de la façade / Façade planning
VS-A, Lille, France

Chauffage, ventilation, climatisation / Heating, ventilation, air conditioning
TEE-Fluides, Arnas

Protection incendie / Fire protection
Casso & Associés, Paris

Acoustique / Acoustics
Cabinet Lamoureux, Paris

Médias / Media
Labeyrie & Associés, Paris

Éclairage / Lighting
Har Hollands, Eindhoven

Ingénierie du paysage / Landscape engineering
EGIS aménagement, Lyon

Ordonnance, pilotage, coordination / Organization, controlling, coordination
Groupement Global/Ixans, Caluire-et-Cuire
Pour Global / For Global: Jean-Paul Lelarge, Fabien Planche, Frans Van Roy, Geoffroy Palle, Julien Liogier, Alexandre Tavernir
Pour Ixans / For Ixans: Fabrice Perona, Jean Eudes de Beaugrenier, Guénaelle Nicolas, Bertrand Lagarde, Juliette Saunier

Superviseurs technique / Technical supervisors
APAVE Sudeurope SAS, Lyon
Bureau Veritas France, Lyon
Alpes Contrôles, Lyon

Entrepreneur mandataire / Main contractor
Vinci Construction France

Ouvrages en béton et structure acier / Concrete and steel-frame works
GTM Bâtiment GC, Lyon

Façades
SMAC S.A., Lyon; PERMASTEELISA Group, Lyon; Josef Gartner GmbH

Services du bâtiment / Building services
Societé Axima Seitha, Lyon; Eiffage Energie Rhône-Alpes, Lyon

Téléphone, IT et ingénierie de médias / Telephone, IT and media engineering
Telindus, Décines; Cymatec, Colombier-Saugnieu

Plomberie / Plumbing
J. Moos SAS, Amplepuis

Ascenseurs / Elevators
Otis Elevator France, Lyon

Fenêtres en châssis métallique / Metal-frame windows
Blanchet, Montbrison

Charpentier / Carpenter
Thalmann, Sainte-Consorce

Cloisons intérieures en métal et verre / Interior metal and glass partitions
A.M.S.E. SA, Sarcey

Forgeron / Blacksmith
Fontbonne et Fils, Décines-Charpieu

Plaques de plâtre, plafonds / Gypsum boards, ceilings
Sud Est Plâtre, Colombe
Aubonnet et Fils, Cours-la-Ville

Revêtement de sol / Floor covering
Grepi SAS, Bussy-Saint-Georges

Peinture / Paint finishing
Tondella Peinture, Dardilly

Aménagement intérieur / Interior fit out
Zacharie, Lyon

Équipement scénique / Stage machinery
Ineo, Lyon

Fauteuils dans les amphithéâtres / Seating in the auditoria
Figueras Seating France, Paris

Stores / Roller blinds
Omnium, Kilstett

Bassin réfléchissant / Reflecting pool
HSB France, Roissy